DAS KOMPLETTE BUDS UND BLÜTE-KOCHBUCH

100 köstliche und schöne essbare Blumenrezepte

Alice Hartmann

Urheberrechtliches Material ©2024

Alle Rechte vorbehalten

Kein Teil dieses Buches darf ohne die entsprechende schriftliche Zustimmung des Herausgebers und Urheberrechtsinhabers in irgendeiner Form oder auf irgendeine Weise verwendet oder übertragen werden, mit Ausnahme von kurzen Zitaten, die in einer Rezension verwendet werden. Dieses Buch sollte nicht als Ersatz für medizinische, rechtliche oder Undere professionelle Beratung betrachtet werden.

INHALTSVERZEICHNIS _

INHALTSVERZEICHNIS _ 3
EINFÜHRUNG... 7
FRÜHSTÜCK UND BRUNCH 9
    1. ZUCCHINIBLÜTEN-OMELETTE 10
    2. MIT KAPUZINERKRESSE GEFÜLLTE EIER 12
    3. GEBACKENES BLAUES SCHNITTLAUCHOMELETT 14
    4. APRIKOSEN-LAVENDEL-CREPES 16
    5. EIER MIT SCHNITTLAUCHBLÜTEN 19
    6. MÜSLI MIT ESSBAREN BLÜTEN..21
    7. CREMIGES RÜHREI MIT ESSBAREN BLÜTEN.......................................23
    8. STIEFMÜTTERCHENPFANNKUCHEN..25
    9. BLUME LEISTUNGBRASILIANISCHE AÇAÍ-SCHÜSSEL...............................27
    10. FRÜHSTÜCKSSÜßKARTOFFEL MIT HIBISKUSTEE-JOGHURT 29
    11. MANGO-SMOOTHIE-SCHÜSSEL 32
IMBISS UND VORSPEISEN 34
    12. ESSBARE BLUMENTEE-SUNDWICHES..35
    13. GEFÜLLTE KAPUZINERKRESSE 37
    14. VORSPEISENSALAT MIT KAPUZINERKRESSE UND GARNELEN 39
    15. LÖWENZAHNBLÜTENKÜCHLEIN 41
    16. MAIS- UND RINGELBLUMENKRAPFEN 43
    17. FRÜHLINGSROLLEN MIT ESSBAREN BLUMEN 45
    18. AKAZIENBLÜTENKÜCHLEIN...47
    19. ZIEGENKÄSE MIT ESSBAREN BLÜTEN 49
HAUPTKURS 51
    20. ADOBO-RINDFLEISCHSALAT MIT HIBISKUSSALSA...............................52
    21. GEMISCHTE BLUMEN-KÄSE-RAVIOLI 55
    22. LÖWENZAHNLASAGNE...57
    23. LAMM UND PORTULAK MIT KICHERERBSEN 60
    24. IN FOLIE GEBACKENER FISCH MIT MEXIKANISCHER MINZ-RINGELBLUME 63
    25. SCHMETTERLINGE MIT GEMÜSE UND LAVENDEL...............................65

26. Brennnesselnudeln mit veganem Parmesan 67
27. Wintergemüse und Gnocchi 69

SUPPEN 71

28. Borretschblätter- und Weizengrassuppe 72
29. Kürbisblütensuppe 74
30. Kerbel-Kapuzinerkresse-Suppe 76
31. Asiatische Chrysanthemenschale 78
32. Schwarze Bohnensuppe & Schnittlauchblüten s 80
33. Kapuzinerkresse - Salatsuppe 83
34. Fenchelsuppe mit essbaren Blüten 85
35. Grüne Erbsensuppe mit Schnittlauchblüten 87
36. Vichyssoise mit Borretschblüten 89

SALATE 91

37. Regenbogensalat 92
38. Mikrogrün und Zuckererbsensalat 95
39. Kapuzinerkresse und Traubensalat 97
40. Sommersalat mit Tofu und essbaren Blumen 99
41. Kartoffel- und Kapuzinerkressesalat 102
42. Löwenzahn-Chorizo-Salat 104
43. Borretsch und Gurken in Sauerrahm Dressing 106
44. Rotkohl mit Chrysanthemen s 108
45. Spargelsalat 110
46. Stiefmütterchensalat 112
47. Grüner Salat mit essbaren Blumen 114

GEWÜRZE UND BEILAGEN 116

48. Kapuzinerkresse-Pesto 117
49. Erdbeer-Lavendel-Marmelade 119
50. Geißblattsirup 121
51. Violetter Honig 123
52. Blumengarnitur für Käse 125
53. KUndierte Veilchen 127
54. Geröstete Chrysanthemen Zwiebeln 129
55. KUndierte Rosenblätter 131
56. Mit Fliederblüten angereicherter Honig 133

57. Hagebutten - Johannisbeer- Soße 135

GETRÄNKE 137

58. Smoothie-Schüssel mit Matcha und Kapuzinerkresse 138
59. Blaubeer-Lavendelwasser 140
60. Pfirsich-Smoothie-Schüssel 142
61. Süßer Lavendelmilchkefir 144
62. Heilender Geißblatt-Tee 146
63. Chrysanthemen- und Holunderblütentee 148
64. Kamillen- und Fencheltee 150
65. Löwenzahn- und Klettentee 152
66. Schafgarben- und Ringelblumentee 154
67. Helmkraut und Orangenblütentee 156
68. Calendulablüten Erkältungspflegetee 158
69. Huflattichblüten Tee 160
70. Hagebutten-Grüntee 162
71. Echinacea- Tee zur Immununterstützung 164
72. Rotkleeblüten - Tonic- Tee 166
73. Rosiger Schwarztee 168
74. Heilender Geißblatt-Tee 170
75. Blütentees 172
76. Chrysanthementee mit Goji 174
77. Löwenzahnblütentee 176
78. Schmetterlings-Erbsenblüten-Tee-Milch 178
79. Hibiskusblütentee Milch 180
80. Baldrianwurzel _ Super Entspannung-Tee 182
81. Johanniskraut Beruhigender Tee 184
82. Verjüngungstee 186
83. Erkältungs- und Heiserkeitstee 188
84. Lindenblüten-Kräutertee 190
85. Potpourri-Tee 192
86. Rotklee-Tee 194
87. Rosen- und Lavendelwein 196

NACHTISCH 198

88. Blaubeer-Lavendel-Preiselbeere- knackig 199
89. Rhabarber-, Rosen- und Erdbeermarmelade 201

90. Orangen-Ringelblumen-Tropfenkekse 203
91. Joghurtparfait mit Mikrogrün 205
92. Karottenblüten-Miniaturbrote 207
93. Anis-Ysop-Kekse 209
94. Zitronen-Stiefmütterchen-Kuchen 211
95. Kamillenplätzchen 214
96. Erdbeer-Kamillen-Sorbet 216
97. Nelken-Marshmallow-Fudge 218
98. Violettes Eis 220
99. Violetter Soufflé 222
100. Erdbeer-, Mango- und Rosen-Pavlova 224

ABSCHLUSS 227

EINFÜHRUNG

Begeben Sie sich auf eine kulinarische Reise, bei der die lebendige Welt der Knospen und Blüten im Mittelpunkt steht. „Das komplette Knospen- und Blütenkochbuch" lädt Sie ein, das Reich der essbaren Blumen zu erkunden, wo Geschmack auf Ästhetik trifft und die Fülle der Natur auf harmonische Weise zelebriert wird. Diese Sammlung von 100 köstlichen und schönen Rezepten erhebt blumige Aromen von bloßer Verzierung zum Mittelpunkt köstlicher Gerichte und bietet ein Sinneserlebnis, das über das Gewöhnliche hinausgeht.

Essbare Blumen sind seit jeher ein faszinierender BestUndteil kulinarischer Traditionen auf der ganzen Welt. Ihre Einbeziehung verleiht den Gerichten einen Hauch von Eleganz und Laune. In diesem Kochbuch tauchen wir in die Kunst ein, Blüten in unsere Mahlzeiten zu integrieren und sie von bloßen Zutaten in kulinarische Meisterwerke zu verwUndeln. Jedes Rezept ist ein Beweis für die Geschmacksvielfalt, die die Natur zu bieten hat, von der zarten Süße der Veilchen bis zu den pfeffrigen Noten der Kapuzinerkresse.

Das Kochbuch zelebriert die essbare LUndschaft, in der Blütenblätter und Blüten nicht nur optisch ansprechend sind, sondern ihre einzigartige Essenz zu einer Geschmackssymphonie beitragen. Egal, ob Sie ein erfahrener Koch oder ein abenteuerlustiger Hobbykoch sind, diese Rezepte werden Sie dazu inspirieren, die Schönheit und den Geschmack essbarer Blumen in Ihren kulinarischen Kreationen zu genießen.

„Das komplette Knospen- und Blütenkochbuch" geht über das Übliche hinaus und präsentiert Rezepte, die nicht nur köstlich, sondern auch optisch beeindruckend sind. Von mit Stiefmütterchen geschmückten Salaten bis hin zu mit Rosenblättern blühenden Desserts ist jedes Gericht eine LeinwUnd, auf der die Farben und Formen essbarer Blumen zum Leben erwachen. Durch detaillierte Anleitungen und inspirierende Fotografien ermutigt Sie dieses Kochbuch, Ihrer

Kreativität in der Küche freien Lauf zu lassen und jede Mahlzeit in ein Kunstwerk zu verwUndeln.

Das Kochbuch ist eine Hommage an die Jahreszeiten, da zu verschiedenen Jahreszeiten verschiedene Blumen blühen. Es ermutigt die Leser, lokale Märkte, Gärten oder sogar ihren eigenen Hinterhof zu erkunden , um die große Auswahl an essbaren Blüten zu entdecken. Auf diese Weise fördert es eine tiefere Verbindung zur Natur und eine Wertschätzung für die Fülle, die sie bietet.

Wenn Sie durch die Seiten von „Das komplette Knospen- und Blütenkochbuch" blättern, werden Sie die harmonische Geschmackskombination entdecken, die essbare Blumen auf den Tisch bringen. Jedes Rezept ist eine sorgfältig ausgearbeitete Symphonie, die die subtile Süße der Blüten mit dem Herzhaften und Würzigen in Einklang bringt und so ein kulinarisches Erlebnis schafft, das alle Sinne anspricht.

Ganz gleich, ob Sie ein romantisches Abendessen zubereiten, eine Gartenparty veranstalten oder einfach Ihren alltäglichen Mahlzeiten einen Hauch von Eleganz verleihen möchten, dieses Kochbuch bietet eine vielfältige Auswahl an Rezepten für jeden Anlass. Es ist eine Einladung, das kulinarische Potenzial von Blumen zu erkunden und Ihre Küche in eine duftende und geschmackvolle Oase zu verwUndeln.

FRÜHSTÜCK UND BRUNCH

1.Zucchiniblüten-Omelette

ZUTATEN:
- 2 Esslöffel Rapsöl
- 2-3 gehackte Knoblauchzehen
- ½ Tasse gehackte Zwiebel
- ¼ Tasse gehackter roter Pfeffer
- 12 Zucchiniblüten, gewaschen und getrocknet
- 1 Esslöffel gehacktes frisches Basilikum
- ½ Esslöffel gehackter frischer Oregano
- 4 Eier
- Salz und Pfeffer

ANWEISUNGEN:
a) Heizen Sie den Ofen auf 400 Grad F vor.
b) In einer ofenfesten Pfanne das Rapsöl erhitzen.
c) Knoblauch, Zwiebel und rote Paprika hinzufügen.
d) Etwa eine Minute anbraten.
e) Die Zucchiniblüten dazugeben und unter gelegentlichem Rühren etwa zehn Minuten kochen, bis sie leicht gebräunt sind.
f) Basilikum und Oregano hinzufügen. Umrühren, um alles gut zu vermischen.
g) In einer Schüssel Eier mit Salz und Pfeffer verquirlen und abschmecken. Unter das Gemüse rühren.
h) Reduzieren Sie die Hitze und kochen Sie, bis die Eier gerade fest sind. Stellen Sie die Pfanne in den Ofen und backen Sie sie etwa 15 bis 20 Minuten lang.
i) In Spalten schneiden und servieren. Kann heiß oder bei Zimmertemperatur serviert werden.

2.Mit Kapuzinerkresse gefüllte Eier

ZUTATEN:
- 2 hartgekochte Eier
- 4 kleine Kapuzinerkresseblätter und zarte Stängel, gehackt
- 2 Kapuzinerkresseblüten, in schmale Streifen geschnitten
- 1 Zweig frischer Kerbel, gehackt
- 1 Zweig frische italienische Petersilie, Blätter fein gehackt
- 1 Frühlingszwiebel, weißer und hellgrüner Teil
- Natives Olivenöl extra
- Feines Meersalz nach Geschmack
- Schwarzer Pfeffer, grob gemahlen, nach Geschmack
- Kapuzinerkresseblätter und Kapuzinerkresseblüten _

ANWEISUNGEN:
a) Eier in kochendem Wasser hart kochen, bis das Eigelb fest ist, nicht länger.
b) Schneiden Sie jedes Ei der Länge nach in zwei Hälften und entfernen Sie vorsichtig das Eigelb. Geben Sie das Eigelb in eine Schüssel und fügen Sie Kapuzinerkresseblätter, -stiele und -blüten sowie gehackten Kerbel, Petersilie und Frühlingszwiebeln hinzu.
c) Mit einer Gabel zerdrücken und so viel Olivenöl hinzufügen, dass eine Paste entsteht.
d) Mit Meersalz und Pfeffer abschmecken
e) Eiweiß leicht salzen
f) Hohlräume vorsichtig mit der Eigelb-Kräuter-Mischung füllen.
g) Etwas Pfeffer darüber mahlen.
h) Kapuzinerkresseblätter auf einem Teller anrichten und gefüllte Eier darauf legen.
i) Mit Kapuzinerkresseblüten garnieren.

3. Gebackenes blaues Schnittlauchomelett

ZUTATEN:
- 4 Eier
- 4 Esslöffel Milch
- Salz und Pfeffer nach Geschmack
- 2 Esslöffel gehackter Schnittlauch
- 3 Esslöffel Butter
- 1 Dutzend Schnittlauchblüten

ANWEISUNGEN:
a) Die Butter in einer Pfanne schmelzen, dann die restlichen Zutaten in einem Mixer vermischen und in die heiße, mit Butter bestrichene Pfanne gießen.
b) Sobald die Ränder des Omeletts fest werden, reduzieren Sie die Hitze etwas und schwenken Sie die ungekochten Eier mit einem Spatel auf den Boden der Pfanne, bis sie gar sind.
c) Streuen Sie die gewaschenen Blüten über die Eier, falten Sie das Omelett dann um und lassen Sie es noch einige Minuten kochen. Aufschlag.

4. Aprikosen-Lavendel-Crepes

ZUTATEN:
- 1½ Esslöffel Butter
- ½ Tasse Milch
- 1½ Esslöffel Erdnussöl
- 6½ Esslöffel Allzweckmehl
- 1 Esslöffel Zucker, großzügig
- 1 Ei
- ⅓ Teelöffel frische Lavendelblüten
- 14 getrocknete Aprikosen, türkisch
- 1 Tasse Rieslingwein
- 1 Tasse Wasser
- 1½ Teelöffel Orangenschale, gerieben
- 3 Esslöffel Honig
- ½ Tasse Rieslingwein
- ½ Tasse Wasser
- 1 Tasse Zucker
- 1 Esslöffel Orangenschale
- ½ Esslöffel Limettenschale
- 1 Teelöffel frische Lavendelblüten
- 1 Prise Weinstein
- Aromatisierte Schlagsahne, optional
- Lavendelzweige zum Garnieren

ANWEISUNGEN:
Crêpe-Teig
a) Butter bei mäßiger Hitze schmelzen.
b) Weiter erhitzen, bis die Butter eine hellbraune Farbe hat.
c) Milch hinzufügen und leicht erwärmen.
d) Übertragen Sie die Mischung in eine Schüssel. Restliche Zutaten unterrühren, bis eine gMilch Masse entsteht.
e) Eine Stunde oder länger im Kühlschrank lagern.
f) Kochen Sie Crêpes und stapeln Sie sie mit Plastikfolie oder Pergament dazwischen, um ein Anhaften zu verhindern.
g) Bis zur Verwendung im Kühlschrank aufbewahren.

APRIKOSENFÜLLUNG
h) Alle Zutaten in einen Topf geben.

i) Etwa eine halbe Stunde köcheln lassen oder bis die Aprikosen weich sind.
j) Die Mischung in einer Küchenmaschine pürieren, bis sie fast glatt ist. Cool.

RIESLING-SOßE

k) Alle Zutaten in einen Topf geben.
l) Unter Rühren zum Kochen bringen, bis sich der Zucker aufgelöst hat.
m) Bürsten Sie die Seiten des Topfes mit einer in kaltes Wasser getauchten Bürste ab, um Kristallisation zu verhindern.
n) Unter gelegentlichem Abbürsten auf einem Zuckerthermometer auf 240 Grad F kochen.
o) Nehmen Sie den Topf von der Flamme und tauchen Sie den Boden des Topfes in Eiswasser, um das Kochen zu stoppen.
p) Kühlen.

DIENEN

q) Rollen Sie 3 Esslöffel Füllung in jeden Crêpe, so dass pro Portion zwei Crêpes entstehen.
r) Legen Sie die Crêpes in eine gebutterte Auflaufform.
s) Von innen mit gebutterter Folie abdecken. In einem 350-Grad-F-Ofen erhitzen.
t) Crêpes auf Servierteller verteilen. Die Soße über und um die Crêpes verteilen.
u) Nach Belieben mit Schlagsahne und Lavendelzweigen garnieren.

5.Eier mit Schnittlauchblüten

ZUTATEN:
- 2 Esslöffel Olivenöl
- 3 Schnittlauchstiele mit Schnittlauchblüten
- 2 Eier
- Koscheres Salz
- 1 englischer Mehrkornmuffin oder 2 Scheiben Brot

ANWEISUNGEN:
a) In einer Pfanne das Olivenöl erhitzen.
b) Schneiden Sie den Schnittlauch und die Blüten grob in 5 bis 7 cm große Stücke und legen Sie sie in das Olivenöl, um sie 30 Sekunden lang zu erhitzen.
c) Schlagen Sie die Eier in die Pfanne, geben Sie eine Prise koscheres Salz hinzu und kochen Sie weiter, bis das Eiweiß gar ist, das Eigelb aber noch etwa 3 Minuten flüssig ist.
d) In der Zwischenzeit den englischen Muffin toasten.
e) Wenn die Eier fertig sind, schieben Sie sie auf die englischen Muffinhälften und essen Sie mit Messer und Gabel.

6. Müsli mit essbaren Blüten

ZUTATEN:
- Saft von ½ Zitrone
- Schale von 1 Zitrone
- ¼ Tasse Zucker
- 1 Eigelb
- 2 Esslöffel Butter klein schneiden
- ¼ Tasse griechischer Joghurt
- ½ Tasse geröstete MUndeln
- ½ Tasse Blaubeeren
- ½ Tasse Müsli
- Stiefmütterchen, Kapuzinerkresse und Nelken

ANWEISUNGEN:
a) In einen Topf Zitronensaft, Zitronenschale, Zucker und Eigelb geben.
b) Unter ständigem Rühren mit einem Holzlöffel kochen, bis eine dicke Masse entsteht.
c) Wenn es fertig ist, legen Sie es auf die Seite, fügen Sie die Butter hinzu und schneiden Sie es in Stücke. Rühren Sie es, bis die Butter schmilzt, und lassen Sie es abkühlen. Wenn es kalt ist, Joghurt hinzufügen und verrühren.
d) MUndeln in einer Pfanne mit einem Teelöffel Öl rösten.
e) Wenn alle Zutaten fertig sind, beginnen Sie mit dem Schichten aller Zutaten.
f) Beginnen Sie mit Müsli, dann der Hälfte der Nüsse, der Joghurt-Zitronen-Mischung, den Beeren und den restlichen Nüssen, bedecken Sie sie mit der restlichen Joghurtmischung und garnieren Sie sie mit essbaren Blüten.

7. Cremiges Rührei mit essbaren Blüten

ZUTATEN:
- 12 Eier
- ½ Tasse helle Sahne
- 2 Teelöffel gehackte frische Kerbelblätter
- 2 Teelöffel gehackte frische Estragonblätter
- 2 Teelöffel gehackte frische Petersilienblätter
- 2 Teelöffel gehackter frischer Schnittlauch
- Salz und frisch gemahlener schwarzer Pfeffer
- 4 Esslöffel ungesalzene Butter
- 8 Unzen Ziegenkäse, zerbröckelt
- Eine HUndvoll essbare Blüten
- Frische Petersilienzweige zum Garnieren
- geröstetes Roggenbrot

ANWEISUNGEN:
a) In einer Rührschüssel Eier, Sahne, Kerbel, Estragon, Petersilie, Schnittlauch sowie etwas Salz und Pfeffer verquirlen.
b) In einer beschichteten Pfanne die Butter schmelzen, die Eier hinzufügen und bei schwacher Hitze rühren, bis die Eier gerade anfangen fest zu werden.
c) In der Pfanne den Ziegenkäse einrühren und kurz weiterbraten, dabei gelegentlich umrühren, bis der Käse schmilzt. Die essbaren Blüten hinzufügen.
d) Zum Servieren ein paar Eier auf das Roggenbrot löffeln und auf einen Teller legen, mit einem Zweig Petersilie als Garnitur belegen.
e) Sofort servieren.

8.Stiefmütterchenpfannkuchen

ZUTATEN:
- 1¹/₂ Tassen Milch
- ¹/₂ Tasse Wasser
- 1 Esslöffel Zucker
- ¹/₄ Teelöffel Salz
- 3 Esslöffel ungesalzene Butter, geschmolzen
- ¹/₂ Tasse Buchweizenmehl
- ³/₄ Tasse Allzweckmehl
- 3 Eier
- 12 Stiefmütterchenblüten
- Stiefmütterchensirup oder Blütensirup jeglicher Art, nach Belieben als Topping

ANWEISUNGEN:
a) Alle Zutaten außer Stiefmütterchenblüten in einen Mixer geben. Alles glatt rühren.
b) Mindestens 2 Stunden und bis über Nacht im Kühlschrank lagern.
c) Lassen Sie den Teig vor dem Frittieren auf Zimmertemperatur kommen. Gut schütteln.
d) Eine beschichtete Pfanne erhitzen und Butter schmelzen.
e) Nehmen Sie die Pfanne vom Herd und gießen Sie ¼ Tasse Teig in die Mitte. Kippen Sie die Pfanne und schwenken Sie sie, um ihn schnell und gleichmäßig zu verteilen. Zurück zum Erhitzen.
f) Nach ca. 1 Minute mit Stiefmütterchen bestreuen.
g) Lösen Sie die Ränder des Crêpes mit einem Spatel von den Seiten der Pfanne.
h) Drehen Sie den Crêpe um und kochen Sie ihn weitere 30 Sekunden lang.
i) Drehen oder schieben Sie es auf einen Servierteller. Mit dem restlichen Teig wiederholen.

9.Blume Leistungbrasilianische Açaí-Schüssel

ZUTATEN:
FÜR DIE AÇAÍ
- 200 g gefrorenes Açaí
- ½ Banane, gefroren
- 100 ml Kokoswasser oder MUndelmilch

Toppings
- Granola
- Essbare Blumen
- ½ Banane, gehackt
- ½ Esslöffel roher Honig
- Granatapfelsamen
- Kokosraspeln
- Pistazien

ANWEISUNGEN:
a) Geben Sie einfach Açaí und Banane in eine Küchenmaschine oder einen Mixer und mixen Sie alles, bis eine gMilch Masse entsteht.
b) Je nachdem, wie leistungsstark Ihre Maschine ist, müssen Sie möglicherweise etwas Flüssigkeit hinzufügen, damit es cremig wird. Beginnen Sie mit 100 ml und fügen Sie nach Bedarf weitere hinzu.
c) In eine Schüssel füllen, Toppings hinzufügen und genießen!

10. Frühstückssüßkartoffel mit Hibiskustee-Joghurt

ZUTATEN:
- 2 lila Süßkartoffeln

FÜR DAS MÜSLI:
- 2 ½ Tassen Hafer
- 2 Teelöffel getrocknete Kurkuma
- 1 Teelöffel Zimt
- 1 Esslöffel Zitrusschale
- ¼ Tasse Honig
- ¼ Tasse Sonnenblumenöl
- ½ Tasse Kürbiskerne
- Prise Salz

FÜR DEN JOGHURT:
- 1 Tasse griechischer Naturjoghurt
- 1 Teelöffel Ahornsirup
- 1 Beutel Hibiskustee
- essbare Blüten, zum Garnieren

ANWEISUNGEN:
a) Heizen Sie den Ofen auf 425 Grad vor und stechen Sie mit einer Gabel überall in die Kartoffeln.
b) Wickeln Sie die Kartoffeln in Alufolie ein und backen Sie sie 45 Minuten bis eine Stunde lang.
c) Aus dem Ofen nehmen und abkühlen lassen.

FÜR DAS MÜSLI:
d) Reduzieren Sie die Ofentemperatur auf 250 Grad und legen Sie ein Backblech mit Backpapier aus.
e) Alle Müslizutaten in eine Rührschüssel geben und verrühren, bis alles mit Honig und Öl bedeckt ist.
f) Auf das mit Backpapier ausgelegte Backblech geben und möglichst gleichmäßig verteilen.
g) 45 Minuten backen, dabei alle 15 Minuten umrühren, oder bis das Müsli gebräunt ist.
h) Aus dem Ofen nehmen und abkühlen lassen.

FÜR DEN JOGHURT:
i) Bereiten Sie Hibiskustee gemäß den Anweisungen im Teebeutel zu und stellen Sie ihn zum Abkühlen beiseite.
j) Sobald die Raumtemperatur erreicht ist, verquirlen Sie den Ahornsirup und den Tee mit dem Joghurt, bis eine gMilch, cremige Konsistenz mit einem leicht rosa Farbton entsteht.

MONTIEREN:
k) Die Kartoffeln halbieren und mit Müsli, aromatisiertem Joghurt und essbaren Blüten zum Garnieren belegen.

11.Mango-Smoothie-Schüssel

ZUTATEN:
- 1,5 Tassen gefrorene Mangostücke
- ½ Tasse griechischer Joghurt mit Vanille- oder Kokosgeschmack
- ½ Tasse Vollfett-Kokosmilch oder Vollfett-Kokosmilch
- 2 Messlöffel geschmacksneutrales Kollagenproteinpulver optional
- 1 Teelöffel Kokosöl
- 1 Teelöffel Honig aufgegossen oder normal
- ⅛ Teelöffel gemahlener Ingwer
- ⅛ Teelöffel gemahlener Kurkuma
- ⅛ Teelöffel gemahlener schwarzer Pfeffer optional

ANWEISUNGEN:
a) Mango, Joghurt, Kokosmilch, Kollagen, Honig, Öl und Ingwer in einen Mixer geben.
b) 1 Minute lang auf höchster Stufe mixen, bis eine seidenweiche Konsistenz entsteht.
c) Nach Belieben mit zusätzlicher Mango und essbaren Blüten garnieren.

IMBISS UND VORSPEISEN

12. Essbare Blumentee-SUndwiches

ZUTATEN:
- ½ Tasse essbare Blüten wie Flieder, Pfingstrose, Ringelblume, Nelken, Nelke, Rose und Lavendel
- 4 Unzen weicher Frischkäse
- Dünn geschnittenes dunkles Brot

ANWEISUNGEN:
a) Die Blüten zerkleinern und mit Frischkäse vermischen.
b) Aufs Brot streichen.

13. Gefüllte Kapuzinerkresse

ZUTATEN:
- Kapuzinerkresseblüten, etwa vier pro Person, sorgfältig gewaschen und getrocknet
- 8 Unzen Frischkäse, Zimmertemperatur
- 1 Knoblauchzehe, fein gehackt
- ½ Esslöffel frischer Schnittlauch
- 1 Esslöffel frischer Zitronenthymian oder Zitronenbasilikum, gehackt

ANWEISUNGEN:
a) Frischkäse gründlich mit Kräutern vermischen.
b) Mit einem Löffel oder Spritzbeutel vorsichtig 1-2 Teelöffel der Mischung in die Mitte der Blüte geben.
c) Bis zum Servieren kalt stellen.

14. Vorspeisensalat mit Kapuzinerkresse und Garnelen

ZUTATEN:
- 2 Teelöffel frischer Zitronensaft
- ¼ Tasse Olivenöl
- Salz und Pfeffer
- 1 Tasse gekochte Garnelen, gehackt
- 2 Esslöffel gehackte Zwiebel
- 1 Tomate, gewürfelt
- 1 Avocado, gewürfelt
- Salatblätter
- 2 Esslöffel gehackte Kapuzinerkresseblätter
- Kapuzinerkresseblüten

ANWEISUNGEN:
a) Zitronensaft und Öl verrühren. Mit Salz und Pfeffer würzen.
b) Zwiebel und Garnelen dazugeben und vermischen. 15 Minuten stehen lassen.
c) Fügen Sie die Tomate, die Avocado und die gehackten Kapuzinerkresseblätter hinzu.
d) Auf Salatblätter häufen und mit frischen ganzen Kapuzinerkresseblüten umgeben.

15. Löwenzahnblütenküchlein

ZUTATEN:
- 1 Tasse Vollkornmehl
- 2 Esslöffel Olivenöl
- 2 Teelöffel Backpulver
- 1 Tasse Löwenzahnblüten, putzen und
- Ungespritzt
- 1 Prise Salz
- 1 Ei
- Nicht auf Lager befindliches Pflanzenölspray
- ½ Tasse fettarme Milch – oder – Wasser

ANWEISUNGEN:
a) In einer Schüssel Mehl, Backpulver und Salz vermischen. In einer separaten Schüssel das Ei verquirlen und dann mit Milch oder Wasser und Olivenöl vermischen. Mit der Trockenmischung vermischen.
b) Gelbe Blüten vorsichtig unterrühren und darauf achten, dass sie nicht zerdrückt werden. Besprühen Sie eine GrillpMilch oder Bratpfanne leicht mit Pflanzenöl. Erhitzen, bis es vollständig erwärmt ist.
c) Den Teig löffelweise auf die GrillpMilch gießen und wie Pfannkuchen backen.

16. Mais- und Ringelblumenkrapfen

ZUTATEN:
- 8 Unzen Zuckermaiskörner
- 4 Esslöffel Sahne
- 1 Esslöffel Mehl
- ½ Teelöffel Backpulver
- Meersalz
- Weißer Pfeffer
- 1 Esslöffel Ringelblumenblätter
- 1 Esslöffel Sonnenblumenöl oder mehr

ANWEISUNGEN:

a) Geben Sie den Mais in eine Schüssel und gießen Sie die Sahne darüber. Mehl und Backpulver dazugeben und abschmecken. Die Ringelblumenblätter unterrühren.

b) Stellen Sie eine große, schwere Bratpfanne auf hohe Hitze und gießen Sie das Öl hinein. Einen Löffel der Krapfenmischung in das Öl geben und auf beiden Seiten goldbraun braten, dabei einmal wenden. Drücken Sie die Mischung mit einem Spatel flach, um an den Rändern einen Spitzeneffekt zu erzielen.

c) Backen Sie die Krapfen in Büscheln, bis die gesamte Mischung aufgebraucht ist, und geben Sie bei Bedarf noch mehr Öl in die Pfanne.

d) Heiß mit einem heißen grünen Gemüse oder Salat sowie Schwarzbrot und Butter servieren .

17. Frühlingsrollen mit essbaren Blumen

ZUTATEN:
FRÜHLINGSROLLEN
- 8 Radieschen , in Streifen geschnitten
- 5 Frühlingszwiebeln , in Streifen geschnitten
- ½ Gurke , in Streifen geschnitten
- ½ rote Paprika , in Streifen geschnitten
- ½ gelbe Paprika , in Streifen geschnitten
- 1 Avocado , in Streifen geschnitten
- ½ Tasse frische Kräuter , grob gehackt
- ½ Tasse essbare Blüten, ganz übrig
- 9 Frühlingsrollenverpackungen aus Reispapier

SOSSE
- 3 Esslöffel MUndelbutter
- 1 Esslöffel SojaSoße
- 1 Esslöffel Limettensaft
- 1 Esslöffel Honig
- 1 Teelöffel geriebener Ingwer
- 1 Esslöffel heißes Wasser

ANWEISUNGEN:
a) Soßenzutaten in einer Schüssel vermischen .
b) Füllen Sie eine flache Schüssel mit heißem Wasser. Legen Sie nacheinUnder ein Reispapier vorsichtig etwa 15 Sekunden lang in das heiße Wasser, oder bis es weich und biegsam ist.
c) Legen Sie das Papier auf eine feuchte Oberfläche .
d) Stapeln Sie die Füllungen zügig in einer langen, schmalen Reihe auf das Reispapier und lassen Sie auf beiden Seiten etwa 5 cm Platz.
e) Falten Sie die Seiten des Reispapiers über den Hügel und rollen Sie es dann vorsichtig auf.
f) Decken Sie die fertigen Frühlingsrollen bis zum Verzehr mit einem feuchten Papiertuch ab.
g) Mit MUndelbutter-Dip servieren, zum Servieren optional halbieren.

18. Akazienblütenküchlein

ZUTATEN:
- ½ Tasse einfaches Mehl
- ½ Teelöffel Backpulver optional
- ½ Tasse Bier
- 10 Akazienblüten frisch gepflückt
- 1 Esslöffel brauner Zucker
- ½ Zitrone
- Pflanzenöl zum Braten

ANWEISUNGEN:
a) Schütteln Sie Ihre Akazienblüten und untersuchen Sie sie, um Schmutz und kleine Insekten zu entfernen.
b) Machen Sie den Teig, indem Sie Mehl und Bier vermischen.
c) Gründlich verquirlen, bis ein gMilchr Teig entsteht. Es sollte ein flüssiger, leicht dicker Teig entstehen.
d) Tauchen Sie die Blüten am Stiel in den Teig und lassen Sie den Überschuss abtropfen.
e) Erhitzen Sie eine Bratpfanne mit so viel Öl, dass der Boden bedeckt ist.
f) Die Krapfen anbraten Bis die Unterseite goldbraun ist, umdrehen und den Vorgang wiederholen.
g) Fügen Sie mehr Öl hinzu, wenn Sie eine weitere Portion kochen müssen.
h) Am besten gleich nach dem Kochen verzehren.
i) Mit braunem Zucker und einem Spritzer Zitrone bestreuen.

19. Ziegenkäse mit essbaren Blüten

ZUTATEN:
- 4 Unzen weicher Ziegenkäse
- fein abgeriebene Zitronenschale von 1 Zitrone
- 2 Teelöffel frische Thymianblätter
- frische Thymianblätter und Zweige zum Garnieren
- essbare Blüten zum Garnieren, optional
- Honig zum Beträufeln, optional
- Cracker zum Servieren

ANWEISUNGEN:
a) Eine Schüssel oder Auflaufform mit Plastikfolie auslegen.
b) Versuchen Sie, die Plastikfolie so wenig wie möglich zu falten. Beiseite legen.
c) Den weichen Ziegenkäse, die Zitronenschale und die Thymianzweige in einer Schüssel vermengen und verrühren.
d) Geben Sie die Ziegenkäsemischung in die vorbereitete Schüssel und verdichten Sie die Mischung mit der Rückseite eines Löffels, um eventuelle Lufteinschlüsse zu entfernen.
e) Ziehen Sie überschüssige Plastikfolie über die Käsemischung und stellen Sie sie 30 Minuten lang in den Kühlschrank.
f) Aus dem Kühlschrank nehmen und die Ziegenkäsemischung auf einen Servierplatz stürzen.
g) Entfernen Sie die Plastikfolie und garnieren Sie es nach Wunsch mit frischen Thymianblättern und/oder -zweigen und/oder essbaren Blüten und Blütenblättern.
h) Mit Crackern und einer Schüssel Honig zum Beträufeln servieren.

HAUPTKURS

20.Adobo-Rindfleischsalat mit Hibiskussalsa

ZUTATEN:
- 1 Esslöffel Pflanzenöl
- 2 Rinderfilets, gereinigt
- ½ Tasse Adobo-Soße
- ½ Tasse Weißwein
- ¼ Tasse Zucker
- ½ Tasse Hibiskusblüten, getrocknet
- ½ Tasse Ingwer, geschält und gewürfelt
- Saft von 1 Zitrone
- 2 Esslöffel Walnussöl
- 2 Schalotten, gewürfelt
- 2 Tassen Aprikosen, gewürfelt
- 2 Esslöffel Basilikum, gehackt
- 2 Esslöffel Minze, gehackt
- 2 Teelöffel Meersalz
- 1 Pfund gemischtes Grünzeug, gereinigt
- 1 Pfund Babygemüse, der Länge nach halbieren
- 3 Basilikumzweige

ANWEISUNGEN:
SPANISCHE GEWÜRZ-UND MARINADENMISCHUNG

a) Chilis 15 Minuten in heißem Wasser einweichen und pürieren.
b) Rindfleisch in Adobo-Soße und Pflanzenöl marinieren und im Kühlschrank aufbewahren.

SALSA ZUBEREITEN

c) Wein, Zucker, Hibiskus, Ingwer und Zitrone in einen Topf geben und zum Kochen bringen.
d) Beiseite stellen und mindestens 15 Minuten ziehen lassen.
e) Ohne zu pressen durch ein feines Sieb passieren, dann Walnussöl, Pfirsiche, Schalotten, Basilikum und Minze hinzufügen und mit Salz würzen.
f) Beiseite legen.
g) In einer Bratpfanne bei starker Hitze das Rindfleisch auf jeder Seite 45 Sekunden bis 1 Minute anbraten.
h) Babygemüse mit Basilikumzweigen in Pflanzenöl 2 Minuten anbraten und die Pfanne mit 30 ml Vinaigrette ablöschen.
i) Das Gemüse in der Mitte jedes Tellers verteilen, das Rindfleisch darauf legen und Gemüse und Salsa rund um das Rindfleisch und das Gemüse verteilen.

21. Gemischte Blumen-Käse-Ravioli

ZUTATEN:
- 12 Wan-Tan-Häute
- 1 geschlagenes Ei zum Verschließen der Ravioli
- 1 Tasse gemischte Blütenblätter
- ⅓ Tasse Ricotta-Käse
- ⅓ Tasse Mascarpone-Käse
- 4 Esslöffel gehacktes Basilikum
- 1 Esslöffel gehackter Schnittlauch
- 1 Teelöffel gehackter KoriUnder
- ⅓ Tasse Weichweizenbrei, zerkrümelt
- 1½ Teelöffel Salz
- ½ Teelöffel rote Chilipaste
- 12 ganze Stiefmütterchen

ANWEISUNGEN:
a) Alle Zutaten außer ganzen Stiefmütterchen vermischen. Zur Zubereitung Wan-Tan-Haut flach auf eine Unterlage legen.
b) Einen halben Teelöffel Füllung in die Mitte der Wan-Tan-Haut geben und 1 ganzes Stiefmütterchen darauflegen.
c) Befeuchten Sie die Ränder mit geschlagenem Ei und bedecken Sie sie mit einer weiteren Wan-Tan-Haut.
d) Durch Kochen in Wasser oder Gemüsebrühe etwa 1½ Minuten kochen lassen.
e) In einer Schüssel mit Tomaten-Basilikum-Brühe servieren.

22. Löwenzahnlasagne

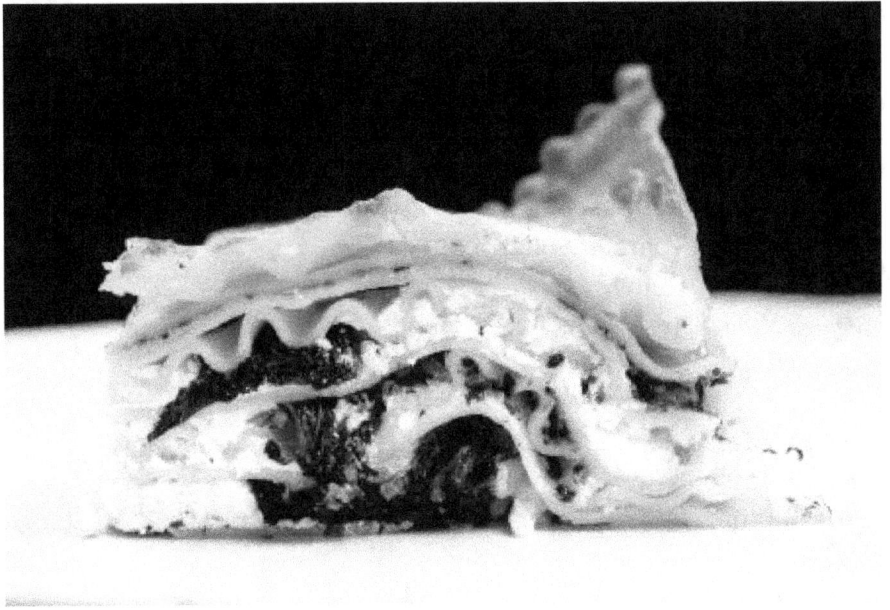

ZUTATEN:
- 2 Liter Wasser
- 2 Pfund Löwenzahnblätter
- 2 Knoblauchzehen
- 3 Esslöffel gehackte Petersilie, geteilt
- 1 Esslöffel Basilikum
- 1 Teelöffel Oregano
- ½ Tasse Weizenkeime
- 3 Tassen TomatenSoße
- 6 Unzen Tomatenmark
- 9 Vollkorn-Lasagne-Nudeln
- 1 Teelöffel Olivenöl
- 1 Pfund Ricotta-Käse
- 1 Prise Cayennepfeffer
- ½ Tasse Parmesankäse, gerieben
- ½ Pfund Mozzarella-Käse, in Scheiben geschnitten

ANWEISUNGEN:
a) Wasser zum Kochen bringen, Löwenzahn dazugeben und weich kochen. Den Löwenzahn mit einem Schaumlöffel herausnehmen und das Wasser auffangen.
b) Löwenzahn mit Knoblauch und 1 Esslöffel Petersilie, Basilikum und Oregano in einen Mixer geben.
c) Gründlich vermischen, aber darauf achten, dass es nicht verflüssigt wird.
d) Fügen Sie Weizenkeime, zwei Tassen TomatenSoße und Tomatenmark hinzu.
e) Mischen Sie gerade genug, um gründlich zu vermischen, und bewahren Sie die Mischung auf.
f) Wasser erneut zum Kochen bringen. Lasagne und Olivenöl hinzufügen. Al dente kochen. Abgießen und aufbewahren.
g) Ricotta, Cayennepfeffer und die restlichen 2 Esslöffel vermischen. Petersilie, reservieren.
h) Den Boden einer 9 x 13 Zoll großen Backform leicht mit Butter bestreichen.
i) Als erste Schicht 3 Lasagne-Nudeln nebeneinUnder anordnen. Mit ⅓ der LöwenzahnSoße und dann der Hälfte des Ricottakäses bedecken.
j) Etwas Parmesankäse über den Ricotta streuen und mit einer Schicht Mozzarellascheiben bedecken. Wiederholen.
k) Die letzten 3 Lasagne-Nudeln und das letzte ⅓ der LöwenzahnSoße darüber schichten. Mit restlichem Parmesan und Mozzarella sowie einer Tasse TomatenSoße bedecken.
l) 30 Minuten bei 375 F backen.

23. Lamm und Portulak mit Kichererbsen

ZUTATEN:
- 3 Esslöffel Olivenöl
- 1 Zwiebel, gewürfelt
- 1 Esslöffel gemahlener KoriUnder
- ½ Esslöffel gemahlener Kreuzkümmel
- 1 Kilogramm mageres Lammfleisch, gewürfelt
- 1 ½ Esslöffel Tomatenmark
- 30 Gramm rote Paprikapaste
- ½ Tasse grüne Linsen, über Nacht eingeweicht
- ¾ Tasse Kichererbsen, über Nacht eingeweicht
- ½ Tasse Schwarzaugenerbsen, über Nacht eingeweicht
- ½ Tasse grobes Bulgur
- 4 Knoblauchzehen, gehackt
- 4 Tassen Gemüsebrühe
- 1 Kilogramm Portulak, Brunnenkresse oder Silberrübe, gewaschen und grob gehackt
- Meersalz nach Geschmack
- 2 Zitronen, nur Saft
- 4 Esslöffel Olivenöl
- 1 Teelöffel Chiliflocken
- 2 Teelöffel getrocknete Minze

ANWEISUNGEN:

a) Das Olivenöl erhitzen, bis es raucht, dann die Zwiebeln dazugeben und goldbraun anbraten.
b) KoriUnder und Kreuzkümmel dazugeben und kurz mit den Zwiebeln vermischen, bis es duftet. Dann das Lamm dazugeben und bei starker Hitze ca. 5 Minuten garen, bis das Fleisch außen gar ist.
c) Linsen, Kichererbsen und Schwarzaugenerbsen dazugeben und den Auflauf 25 Minuten köcheln lassen.
d) Knoblauch und Bulgur dazugeben und gut vermischen, 2 Tassen Wasser hinzufügen und dann etwa 20 Minuten weiter köcheln lassen.
e) Abschmecken und das gehackte Grün hinzufügen und gut vermischen, damit das Grün zusammenfallen kann, und weitere zwei Minuten kochen lassen.
f) Um das aromatisierte Öl herzustellen, erhitzen Sie das Öl mit den Chiliflocken und der Minze, bis das Öl zu brutzeln beginnt.
g) Zum Servieren den Auflauf auf mehrere Teller verteilen und etwa einen Esslöffel heißes Öl darüber träufeln.

24. In Folie gebackener Fisch mit mexikanischer Minz-Ringelblume

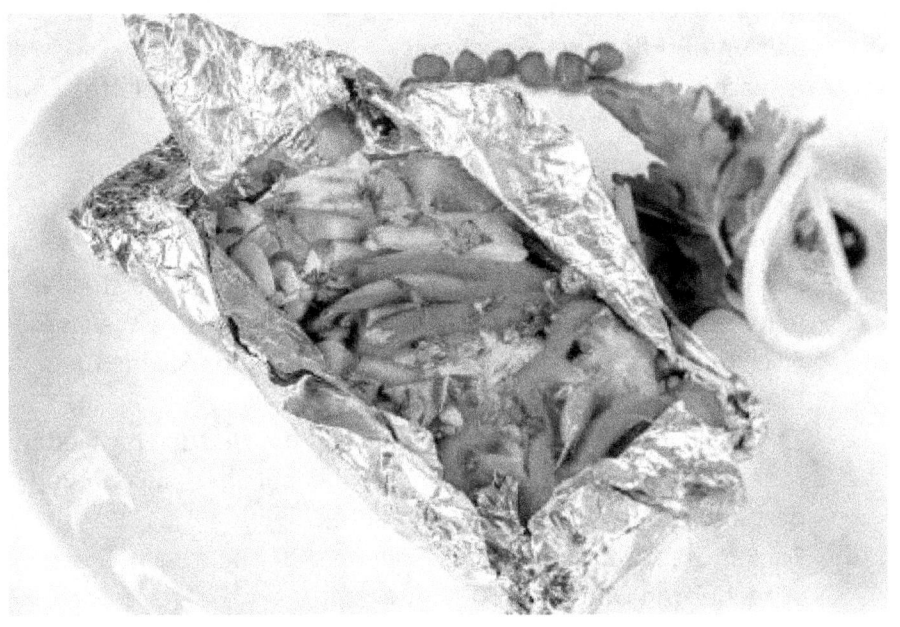

ZUTATEN:
- 1 Pfund frische Fischfilets
- Dünne Zitronenscheiben
- Butter, nach Geschmack
- Salz und Pfeffer nach Geschmack
- 1 Tasse gehackte mexikanische Minz-Ringelblumenblätter

ANWEISUNGEN:

a) Fischfilets auf ein Stück gebutterte Alufolie oder Pergament legen.

b) Schneiden Sie die Filets im AbstUnd von 5 cm ein und stecken Sie in jeden Schnitt eine dünne Zitronenscheibe. Bestreichen Sie den Fisch mit Butter, Salz und Pfeffer und bestreuen Sie ihn dann mit Ringelblumenblättern aus mexikanischer Minze.

c) Falten Sie die Ränder der Folie doppelt, um sie zu verschließen, falten Sie das Pergament im Buchstabenstil um den Fisch und drehen Sie dann die Enden nach unten.

d) Backen Sie die Packung nicht länger als 20 Minuten in einem vorgeheizten Ofen bei 350 °F.

e) Der Fisch ist gar, wenn er leicht abblättert.

25. Schmetterlinge mit Gemüse und Lavendel

ZUTATEN:
- ½ Pfund Nudeln wie Schmetterlinge, Orecchiette oder Gemelli
- 2 oder 3 Knoblauchzehen, in dünne Scheiben geschnitten oder zerdrückt
- 2 Zucchini oder Sommerkürbis, geputzt
- 2 Karotten, geschält und geputzt
- 1 Paprika, entkernt
- 3 Esslöffel natives Olivenöl extra
- 1 Teelöffel frische oder getrocknete Lavendelblüten, plus etwas mehr zum Garnieren
- Salz und frisch gemahlener schwarzer Pfeffer

ANWEISUNGEN:
a) Bringen Sie einen Topf Wasser zum Kochen und salzen Sie es. Die Nudeln dazugeben und al dente kochen.
b) In der Zwischenzeit das Gemüse mit einer Küchenmaschine, einer MUndoline oder einem Messer in dünne Scheiben schneiden.
c) Gießen Sie das Olivenöl in eine nicht erhitzte Pfanne und fügen Sie den Knoblauch hinzu.
d) Kochen Sie den Knoblauch, bis er anfängt, goldbraun zu werden, und rühren Sie dabei gelegentlich um.
e) Wenn der Knoblauch goldbraun wird, fügen Sie das Gemüse hinzu. Mit Salz und Pfeffer bestreuen, den Lavendel hinzufügen und die Blüten mit den Fingerspitzen zerdrücken, um ihren Duft freizusetzen.
f) Unter gelegentlichem Rühren etwa 5 Minuten kochen, bis das Gemüse kaum noch weich ist.
g) Hoffentlich sind die Nudeln fast fertig, genauso wie das Gemüse fast fertig ist.
h) Die Nudeln abtropfen lassen, dabei etwas Kochwasser auffangen.
i) Fügen Sie Nudeln zum Gemüse hinzu und kochen Sie weiter. Fügen Sie nach Bedarf Wasser hinzu, um die Mischung feucht zu halten.
j) Wenn Nudeln und Gemüse zart, aber nicht matschig sind, würzen Sie es mit Salz und Pfeffer.
k) Mit ein paar Lavendelblüten garnieren.

26. Brennnesselnudeln mit veganem Parmesan

ZUTATEN:
- ½ Pfund Nudeln
- 2,5 Unzen frische Brennnesselblätter und -spitzen
- 3 Esslöffel Olivenöl
- 3 Knoblauchzehen, gehackt
- 1 Zwiebel, gewürfelt
- 1 Teelöffel getrocknete Petersilie
- ½ Teelöffel getrockneter Thymian
- ½ Teelöffel getrocknetes Basilikum
- 1/3 Tasse Artischockenherzen, gehackt
- ½ Tasse veganer Parmesankäse, gerieben
- Salz und Pfeffer nach Geschmack
- Optional: 1 Tasse Veilchenblüten oder Knoblauch-Senfblüten

ANWEISUNGEN:

a) Einen Topf Wasser zum Kochen bringen, salzen und Nudeln hinzufügen. Etwa 1 Minute bevor Ihre Nudeln vollständig gekocht sind, geben Sie die Brennnesseln ins Wasser.

b) Das Öl in einer Pfanne erhitzen, den Knoblauch und die Zwiebeln hinzufügen und etwa 5 Minuten kochen lassen. Wenn der Knoblauch schnell anfängt zu färben, reduzieren Sie die Hitze. Gewürze unterrühren.

c) Bevor Sie die Nudeln und Brennnesseln abgießen, nehmen Sie ¼ Tasse Nudelwasser und geben Sie es mit den Zwiebeln in die Pfanne.

d) Dann die Nudeln und Brennnesseln abtropfen lassen und zusammen mit den Artischockenherzen in den Topf geben, um sie zu bedecken. Reduzieren Sie die Hitze und fügen Sie den veganen Parmesan hinzu und rühren Sie ihn erneut um, bis der Käse geschmolzen ist und die Nudeln bedeckt.

e) Nehmen Sie die Nudeln vom Herd und garnieren Sie sie mit essbaren Blüten.

27. Wintergemüse und Gnocchi

ZUTATEN:
- 12-Unzen-Packung vorgehackter frischer Butternusskürbis
- 8 Unzen Cremini-Pilze, halbiert
- 1 Tasse gefrorene Perlzwiebeln, aufgetaut
- 2 Esslöffel natives Olivenöl extra
- 1½ Teelöffel koscheres Salz
- ¼ Teelöffel schwarzer Pfeffer
- 16-Unzen-Packung Kartoffelgnocchi
- 2 Esslöffel gesalzene Butter, weich
- 2 Unzen Parmigiano-Reggiano-Käse, gerieben, geteilt
- Gehackte frische gMilch Petersilie

ANWEISUNGEN:
a) Heizen Sie den Ofen auf 450 °F vor und lassen Sie die Pfanne beim Vorheizen im Ofen.
b) Butternusskürbis, Pilze, Perlzwiebeln, Olivenöl, Salz und Pfeffer vermengen.
c) Die Gemüsemischung in eine leicht gefettete Backform geben.
d) Backen Sie die Gemüsemischung etwa 20 Minuten lang, bis der Kürbis zart und gebräunt ist.
e) Bereiten Sie die Gnocchi nach Packungsanweisung zu und bewahren Sie dabei 1 Tasse Kochwasser auf.
f) Die Gemüsemischung aus dem Ofen nehmen. Gnocchi und weiche Butter unterrühren.
g) Nach und nach ¼ Tasse des zurückbehaltenen Kochwassers hinzufügen und umrühren, bis sich eine leicht dickflüssige Soße zu bilden beginnt.
h) ¼ Tasse des geriebenen Käses unterrühren.
i) Mit der restlichen ¼ Tasse Käse belegen.
j) Die Gemüse-Knödel-Mischung gleichmäßig auf 4 Schüsseln verteilen.
k) Nach Belieben mit gehackter Petersilie garnieren und sofort servieren.

SUPPEN

28.Borretschblätter- und Weizengrassuppe

ZUTATEN:
- 1 Esslöffel ungesalzene Butter
- 125 g Frühlingszwiebeln, grob gehackt
- 200 g Borretschblätter, zerkleinert
- 125 g frische Erbsen
- 1 l Hühner- oder Gemüsebrühe
- 4 Zweige frische Gartenminze
- Meersalz und schwarzer Pfeffer
- Natives Olivenöl extra

DIENEN:
- 6 Esslöffel Bratkartoffeln mit eingelegten Bärlauchblütenknospen
- 4 weich pochierte Hühnereier
- Eine HUndvoll Borretschblüten
- Eine HUndvoll Weizengras-Mikrosprossen
- Ein paar Erbsen, roh und frisch geschält

ANWEISUNGEN:
a) In einem Topf bei schwacher Hitze die Butter schmelzen und die Frühlingszwiebeln etwa fünf Minuten lang leicht anbraten, bis sie weich sind.
b) Die Erbsen dazugeben und eine weitere Minute köcheln lassen, bevor man die zerkleinerten Borretschblätter hinzufügt.
c) Gießen Sie die Brühe hinzu und erhöhen Sie die Hitze, um ein leichtes Köcheln aufrechtzuerhalten.
d) Wenn die Brühe köchelt, die Minzblätter hinzufügen und weitere fünf Minuten kochen lassen, oder bis das Gemüse weich ist, der Geschmack aber noch lebendig ist.
e) Nach Geschmack salzen und pfeffern, dann die Suppe im Mixer glatt pürieren.
f) Sofort mit knusprigem Brot servieren.

29.Kürbisblütensuppe

ZUTATEN:

- 6 Esslöffel ungesalzene Butter
- 2 Zwiebeln, in Scheiben geschnitten
- 1 Teelöffel Salz oder mehr nach Geschmack
- ½ Teelöffel frisch gemahlener schwarzer Pfeffer
- 3 Knoblauchzehen, in Scheiben geschnitten
- 2 Liter Gemüsebrühe
- 1 Pfund Zucchini oder Undere Kürbisblüten
- Halb und halb
- ½ Tasse geriebener Anejo-Käse
- 1 Limette, 6 oder 8 Spalten schneiden

ANWEISUNGEN:

a) In einem Suppentopf die Butter bei mäßiger Hitze schmelzen.
b) Die Zwiebeln mit dem Salz etwa 5 Minuten anbraten.
c) Den Knoblauch hinzufügen und 1 bis 2 Minuten länger kochen lassen. Mit Gemüsebrühe oder Wasser aufgießen.
d) Zum Kochen bringen, auf köcheln lassen und 10 bis 12 Minuten kochen lassen. Anschließend die Blüten einrühren und weitere 5 Minuten kochen lassen.
e) In einen Mixer oder eine Küchenmaschine geben und glatt pürieren.
f) Durch ein Sieb zurück in den Suppentopf sieben.
g) Die Hälfte und die Hälfte hineingießen und erneut zum Kochen bringen.
h) Mit Salz und Pfeffer abschmecken.
i) Heiß servieren, garniert mit Käse und Limettenschnitzen.

30. Kerbel-Kapuzinerkresse-Suppe

ZUTATEN:
- 2 Liter, Wasser
- Salz
- 2 Tassen frischer Kerbel
- 1 Tasse Kapuzinerkresseblätter
- 1 Tasse Brunnenkresseblätter
- 1 Pfund Kartoffeln geschält und geviertelt
- 1 Tasse Sahne
- 1 Esslöffel Butter

ANWEISUNGEN:
a) In einem Topf das Wasser bei starker Hitze zum Kochen bringen.
b) Salz hinzufügen, die Hitze reduzieren und Kerbel, Kapuzinerkresse und Brunnenkresseblätter sowie Kartoffeln hinzufügen.
c) 1 Stunde sanft köcheln lassen.
d) Die Suppe in mehreren Portionen in einer Küchenmaschine oder einem Mixer pürieren.
e) Kurz vor dem Servieren die Sahne unterrühren und, wenn die Suppe abgekühlt ist, nochmals leicht erhitzen. Geben Sie die Butter auf den Boden einer Terrine und gießen Sie die heiße Suppe darüber.
f) Nach Belieben mit Kapuzinerkresseblättern garnieren.

31.Asiatische Chrysanthemenschale

ZUTATEN:
- 2 Liter Hühnerbrühe
- ¾ Esslöffel Sesamöl
- 2 Teelöffel Salz
- 4 Unzen Bohnenfäden Cellophannudeln
- 1 Kohlkopf, zerkleinert
- 1 Pfund Spinat, frisch
- 2 Hähnchenbrüste ohne Knochen
- 8 Unzen Hühnerleber
- 8 Unzen Schweinefilet
- 8 Unzen fester Weißfisch
- 8 Unzen Garnelen
- 1 Tasse Austern
- 3 Esslöffel SojaSoße
- 2 Esslöffel Sherry
- 2 große Chrysanthemen

ANWEISUNGEN:
a) Schneiden Sie alle Fleisch- und Gemüsesorten nach chinesischer Art in Scheiben.
b) Hühnerbrühe, Öl und Salz in einem Serviertopf zum Kochen bringen.
c) Nudeln und alle Rohzutaten ansprechend auf einer PMilch anrichten.
d) Sherry und SojaSoße in die sprudelnde Brühe geben.
e) Stellen Sie den Gästen Essstäbchen und Servierschüsseln zur Verfügung. Laden Sie die Gäste ein, die Rohzutaten in die Brühe zu geben.
f) Kochen lassen, bis Fisch und Garnelen undurchsichtig sind.
g) Kurz bevor sich die Gäste aus dem Topf bedienen, streuen Sie Chrysanthemenblätter über die sprudelnde Suppe.
h) Suppe in Schüsseln servieren.

32. Schwarze Bohnensuppe & Schnittlauchblüten s

ZUTATEN:

- 1 Pfund getrocknete schwarze Bohnen
- Je 1 EL ungesalzene Butter
- 1 Tasse fein gehackte Wildzwiebeln
- 3 Knoblauchzehen, geschält und
- 4 Maistortillas
- 1 Tasse Sonnenblumenöl
- ½ Tasse grob gemahlenes, zerstoßenes blaues Maismehl
- 1 Teelöffel Salz
- ¼ Teelöffel schwarzer Pfeffer
- 10 Tassen Wasser
- Lila Schnittlauchblüten, gehackter Schnittlauch und Sauerrahm zum Garnieren

ANWEISUNGEN:

a) Die Bohnen über Nacht in Wasser einweichen, sodass sie bedeckt sind. Am nächsten Tag die Bohnen abgießen.
b) Die Butter in einem Topf schmelzen.
c) Die Wildzwiebeln dazugeben und ca. 3 Minuten anbraten, bis sie glasig sind.
d) Fügen Sie den Knoblauch hinzu, braten Sie ihn noch eine Minute lang an und fügen Sie dann die abgetropften Bohnen, Salz, Pfeffer und 4 Tassen Wasser hinzu.
e) Bei starker Hitze zum Kochen bringen, dann die Hitze reduzieren und abgedeckt 30 Minuten köcheln lassen, dabei gelegentlich umrühren, um ein Anbrennen der Bohnen zu vermeiden.
f) Fügen Sie weitere 4 Tassen Wasser hinzu und kochen Sie es ohne Deckel weitere 30 Minuten lang, wobei Sie erneut gelegentlich umrühren.
g) Die restlichen 2 Tassen Wasser hinzufügen und 20 Minuten kochen lassen, bis die Bohnen weich, aber immer noch fest sind. Während die Bohnen kochen, bereiten Sie die Tortillachips vor.
h) Stapeln Sie die Tortillas auf einer Arbeitsfläche. Schneiden Sie die runden Tortillas mit einem scharfen Messer in drei ineinUndergreifende Dreiecke.
i) Das Öl in einer Pfanne erhitzen, bis es sehr heiß ist, aber nicht raucht.
j) Legen Sie jedes Tortilla-Dreieck vorsichtig in das Öl.
k) Lassen Sie die Tortillas 30 Sekunden lang kochen, drehen Sie sie dann mit einer Gabel um und wiederholen Sie den Vorgang dann mit den restlichen Tortillas.
l) Nehmen Sie die Chips aus dem Öl und tauchen Sie eine Ecke jedes Chips in das blaue Maismehl.
m) Auf ein Papiertuch legen, um überschüssiges Öl abzutropfen.
n) Die Suppe mit Chips, lila Schnittlauchblüten und gehacktem Schnittlauch garnieren.
o) Heiß mit saurer Sahne als Beilage servieren.

33. Kapuzinerkresse - Salatsuppe

ZUTATEN:
- 1 Feldsalat oder Römersalat
- 25 g Kapuzinerkresseblüten und -blätter
- 25 g Butter
- 1 Stange Sellerie gehackt
- 1 Zwiebel gehackt
- 1 Knoblauchzehe gehackt
- 500 ml Gemüsebrühe oder Hühnerbrühe
- 1 Kartoffel geschält und gehackt
- 100 ml MUndelmilch oder eine Undere Milch Ihrer Wahl
- Salz und Pfeffer nach Geschmack

ANWEISUNGEN:
a) Salat und Kapuzinerkresse hacken und beiseite stellen.
b) Butter in einer Pfanne schmelzen und Zwiebel und Sellerie 5 Minuten anbraten, dann den Knoblauch dazugeben und weitere 2 Minuten anbraten.
c) Gehackten Salat, Kapuzinerkressen, Kartoffeln und Brühe hinzufügen und 20 Minuten köcheln lassen.
d) Mit einem Stabmixer verrühren und Milch und Gewürze hinzufügen.
e) Heiß oder kalt servieren und mit fein gehackten Kapuzinerkresseblüten und Blütenblättern garnieren.

34. Fenchelsuppe mit essbaren Blüten

ZUTATEN:
- 2 Schalotten, fein gehackt
- 2 Knoblauchzehen, gehackt
- 3 Fenchel, geviertelt und gewürfelt
- 200 Gramm stärkehaltige Kartoffeln
- 2 Esslöffel Olivenöl
- 800 Milliliter Gemüsebrühe
- 100 Milliliter Schlagsahne
- 2 Esslöffel Crème fraîche
- 2 Zentiliter Wermut
- Salz
- frisch gemahlene Paprika
- 2 Esslöffel Petersilie, gehackt
- Borretschblüte zum Garnieren

ANWEISUNGEN:
a) Die Hälfte der Fenchelwedel fein hacken und den Rest beiseite legen.
b) Kartoffeln schälen und würfeln.
c) Das Öl in einer Pfanne erhitzen und die Schalotten und den Knoblauch anbraten.
d) Den Fenchel dazugeben und kurz anbraten. Brühe und Kartoffeln hinzufügen und zum Kochen bringen.
e) Reduzieren Sie die Hitze auf eine niedrige Stufe und lassen Sie es 20–25 Minuten köcheln.
f) Die Suppe pürieren, dann Sahne, Crème fraîche, Petersilie und gehackte Fenchelblätter hinzufügen.
g) Den Wermut hinzufügen und mit Salz und Pfeffer abschmecken.
h) Die Suppe in Schüsseln füllen, mit den restlichen Fenchelwedeln und dem Borretsch garnieren und servieren.

35. Grüne Erbsensuppe mit Schnittlauchblüten

ZUTATEN:
- 1 Esslöffel natives Olivenöl extra
- 2 dicke Scheiben Vollkorn-Roggenbrot, gewürfelt
- Meersalz und frisch gemahlener Pfeffer
- Frischer Schnittlauch mit Blüten zum Garnieren
- 2 ¾ Tassen Gemüsebrühe
- 10 Unzen frische oder gefrorene Erbsen
- ¼ Teelöffel Wasabi-Pulver oder -Paste
- ¾ Tasse Vollfett-Naturjoghurt
- Finishing-Öl zum Beträufeln

ANWEISUNGEN:
a) Das Olivenöl in einer Pfanne erhitzen.
b) Die Brotwürfel im Öl wenden und mit einer Zange oder einem hitzebeständigen Spatel etwa 4 Minuten lang von allen Seiten rösten. Mit Salz und Pfeffer würzen.
c) Zum Abkühlen auf einen Teller geben.
d) Die Schnittlauchblüten vom Schnittlauch zupfen und die grünen Triebe hacken.
e) Die Brühe in einem Suppentopf bei starker Hitze erhitzen, bis sie köchelt. Fügen Sie die Erbsen hinzu und kochen Sie sie 8 bis 10 Minuten lang, bis sie hellgrün und gerade gar sind.
f) Vom Herd nehmen und einen Stabmixer verwenden oder die Suppe portionsweise in einen Mixer geben und etwa 3 Minuten lang glatt rühren.
g) Den Wasabi dazugeben und mit Salz und Pfeffer würzen. Den Joghurt dazugeben und 2 bis 3 Minuten lang verrühren, bis eine gMilch und leicht cremige Masse entsteht.
h) Zurück in den Topf geben und bei schwacher Flamme warm halten, bis es servierfertig ist.
i) Die Suppe in Schüsseln füllen, mit Croutons belegen und mit Olivenöl beträufeln.
j) Mit Pfeffer würzen und den gehackten Schnittlauch und seine Blüten großzügig darüber streuen. Warm servieren.

36. Vichyssoise mit Borretschblüten

ZUTATEN:
- 6 Lauch, gereinigt, Spitzen abgeschnitten
- 4 Esslöffel Butter
- 4 Tassen Hühner- oder Gemüsebrühe
- 3 Kartoffeln, gewürfelt
- 2 Esslöffel gehackte Borretschblätter
- 1 Tasse Sauerrahm
- Salz und Pfeffer
- Muskatnuss

ANWEISUNGEN:
a) Den Lauch in dünne Streifen schneiden.
b) Butter in einem Topf schmelzen, Lauch hinzufügen und bei mäßiger Hitze anbraten, bis er weich ist.
c) Brühe, Kartoffeln und Schnittlauch hinzufügen.
d) Zum Kochen bringen und zugedeckt 35 Minuten köcheln lassen, bis die Kartoffeln weich sind. Beanspruchung.
e) Gemüse in einer Küchenmaschine pürieren. Püree und Brühe vermischen und kalt stellen.
f) Kurz vor dem Servieren Sauerrahm unterrühren.
g) Mit Salz, Pfeffer und Muskatnuss abschmecken und mit Borretschblüten garnieren.

SALATE

37. Regenbogensalat

ZUTATEN:
- 5-Unzen-Packung Kopfsalat
- 5-Unzen-Packung Rucola
- 5-Unzen-Packung Mikrogrün
- 1 dünn geschnittener Wassermelonen-Rettich
- 1 dünn geschnittener lila Rettich
- 1 dünn geschnittener grüner Rettich
- 3 Regenbogenkarotten, in Streifen geschnitten
- 1/2 Tasse dünn geschnittene Zuckererbsen
- 1/4 Tasse Rotkohl, geraspelt
- 2 Schalotten, in Ringe geschnitten
- 2 Blutorangen, segmentiert
- 1/2 Tasse Blutorangensaft
- 1/2 Tasse natives Olivenöl extra
- 1 Esslöffel Rotweinessig
- 1 Esslöffel getrockneter Oregano
- 1 Esslöffel Honig
- Salz und Pfeffer nach Geschmack
- zum Garnieren essbarer Blumen

ANWEISUNGEN:

a) Olivenöl, Rotweinessig und Oregano in einem Behälter vermischen. Die Schalotten dazugeben und mindestens 2 Stunden auf der ArbeitspMilch marinieren lassen.
b) Die Schalotten beiseite stellen.
c) In einem Glas Orangensaft, Olivenöl, Honig und eine Prise Salz und Pfeffer verrühren, bis eine dicke und gMilch Masse entsteht. Mit Salz und Pfeffer abschmecken.
d) Mikrogrün, Salat und Rucola mit etwa ¼ Tasse Vinaigrette in einer Rührschüssel vermengen.
e) Die Hälfte der Radieschen, Karotten, Erbsen, Schalotten und Orangenstücke vermengen.
f) Alles in einem bunten Muster zusammenstellen.
g) Zum Schluss noch etwas Vinaigrette und essbare Blüten hinzufügen.

38. Mikrogrün und Zuckererbsensalat

ZUTATEN:
VINAIGRETTE
- 1 ½ Tassen gewürfelte Erdbeeren
- 2 Esslöffel weißer Balsamico-Essig
- 1 Teelöffel reiner Ahornsirup
- 2 Teelöffel Limettensaft
- 3 Esslöffel Olivenöl

SALAT
- 6 Unzen Mikrogrün und/oder Salatgrün
- 12 Zuckerschoten, in dünne Scheiben geschnitten
- 2 Radieschen, in dünne Scheiben geschnitten
- Halbierte Erdbeeren, essbare Blüten und frische Kräuterzweige zum Garnieren

ANWEISUNGEN:
a) Für die Vinaigrette Erdbeeren, Essig und Ahornsirup in einer Rührschüssel verrühren. Die Flüssigkeit abseihen und Limettensaft und Öl hinzufügen.
b) Mit Salz und Pfeffer würzen.
c) Für den Salat Mikrogrün, Zuckerschoten, Radieschen, aufbewahrte Erdbeeren und ¼ Tasse Vinaigrette in einer Rührschüssel vermischen.
d) Zum Garnieren halbierte Erdbeeren, essbare Blüten und frische Kräuterzweige hinzufügen.

39. Kapuzinerkresse und Traubensalat

ZUTATEN:
- 1 Kopf roter Salat
- 1 Tasse kernlose Weintrauben
- 8 Kapuzinerkresseblätter
- 16 Kapuzinerkresseblüten

VINAIGRETTE:
- 3 Esslöffel Salatöl
- 1 Esslöffel Weißweinessig
- 1½ Teelöffel Dijon-Senf
- 1 Prise schwarzer Pfeffer

ANWEISUNGEN:
a) Auf jedem der vier Teller 5 rote Salatblätter, ¼ Tasse Weintrauben, 2 Kapuzinerkresseblätter und 4 Kapuzinerkresseblüten anrichten.
b) Alle Vinaigrette-Zutaten in einer Schüssel verrühren.
c) Das Dressing gleichmäßig über jeden Salat träufeln.
d) Sofort servieren.

40. Sommersalat mit Tofu und essbaren Blumen

ZUTATEN:
FÜR DEN SOMMERSALAT:
- 2 Köpfe Buttersalat
- 1 Pfund Feldsalat
- 2 goldene Kiwis verwenden Sie grüne, wenn goldene nicht verfügbar sind
- 1 HUndvoll essbare Blüten optional – ich habe Nachtkerzen aus meinem Garten verwendet
- 1 HUndvoll Walnüsse
- 2 Teelöffel Sonnenblumenkerne optional
- 1 Zitrone

FÜR DEN TOFU-FETA:
- 1 Block Tofu, den ich extrafest verwendet habe
- 2 Esslöffel Apfelessig
- 2 Esslöffel frischer Zitronensaft
- 2 Esslöffel Knoblauchpulver
- 2 Esslöffel Zwiebelpulver
- 1 Teelöffel Dill frisch oder trocken
- 1 Prise Salz

ANWEISUNGEN:
a) In einer Schüssel den extra festen Tofu in Würfel schneiden, alle Underen Zutaten dazugeben und mit einer Gabel zerdrücken.
b) In einen verschlossenen Behälter füllen und einige Stunden im Kühlschrank aufbewahren.
c) Ordnen Sie zum Servieren die größeren Blätter auf dem Boden Ihrer großen Schüssel an: den Buttersalat und den Feldsalat darauf.
d) Die Kiwis in Scheiben schneiden und auf die Salatblätter legen.
e) Streuen Sie einige Walnüsse und Sonnenblumenkerne in die Schüssel.
f) Pflücken Sie Ihre essbaren Blumen sorgfältig. Platzieren Sie sie vorsichtig um Ihren Salat.
g) Nehmen Sie den Tofu-Feta aus dem Kühlschrank, jetzt sollten Sie ihn einschneiden/zerbröseln können. Legen Sie rundherum ein paar große Stücke darauf.
h) Eine halbe Zitrone auspressen und die Undere Hälfte auf den Tisch bringen, um etwas davon hinzuzufügen.

41.Kartoffel- und Kapuzinerkressesalat

ZUTATEN:

- 6 neue Kartoffeln, gleichgroß
- 1 Esslöffel Meersalz
- 3 Tassen Kapuzinerkresse-Sprossen, die ganz zart sind
- Junge Blätter und Stängel, locker gepackt
- ½ Tasse gehackte Dillgurken
- 2 Esslöffel eingelegte Kapuzinerkresse oder Kapern
- 1 Knoblauchzehe, gehackt
- 5 Esslöffel natives Olivenöl extra
- ¼ Tasse Rotweinessig
- Frisch gemahlener schwarzer Pfeffer nach Geschmack
- 2 Esslöffel italienische Petersilie, gehackt
- 1 HUnd Kapuzinerkresse-Blütenblätter
- 1 ganze Kapuzinerkresse-Blüte und Blätter zum Garnieren

ANWEISUNGEN:

a) Legen Sie die Kartoffeln in die Pfanne und bedecken Sie sie etwa 5 cm mit Wasser und 1 Esslöffel Meersalz. Abdecken und zum Kochen bringen.
b) Decken Sie die Pfanne ab und kochen Sie sie bei starker Hitze etwa 20 Minuten lang oder bis die Kartoffeln gerade zart sind.
c) Kartoffeln abgießen und abkühlen lassen.
d) Sobald die Kartoffeln abgekühlt sind, schälen Sie sie und schneiden Sie sie in feine Würfel.
e) Kartoffeln in eine Schüssel geben.
f) Kapuzinerkresseblätter und zarte Stängel hacken und zusammen mit Dillgurken, Kapuzinerkresseknospen und Knoblauch in die Schüssel geben.
g) Nach Geschmack Olivenöl, Essig, Salz und Pfeffer hinzufügen.
h) Vorsichtig umrühren und darauf achten, dass die Kartoffeln nicht zerdrückt werden.
i) Kartoffelsalat auf einem altmodischen Servierteller anhäufen und gehackte Petersilie darüber streuen.
j) Die Blütenblätter in Streifen schneiden und über den Salat streuen. Mit ganzen Blüten und Blättern garnieren.

42.Löwenzahn-Chorizo-Salat

ZUTATEN:
- Eine Salatschüssel mit jungen Löwenzahnblättern
- 2 Scheiben Brot, in Scheiben geschnitten
- 4 Esslöffel Olivenöl
- 150 Gramm Chorizo, in dicke Scheiben geschnitten
- 2 Knoblauchzehen, gehackt
- 1 Esslöffel Rotweinessig
- Salz und Pfeffer

ANWEISUNGEN:
a) Die Löwenzahnblätter abpflücken, abspülen und in einem sauberen Geschirrtuch trocknen. In eine Servierschüssel füllen.
b) Schneiden Sie die Kruste vom Brot ab und schneiden Sie es in Würfel. Die Hälfte des Olivenöls in einer Bratpfanne erhitzen.
c) Die Croutons bei mäßiger Hitze unter häufigem Wenden braten, bis sie einigermaßen gleichmäßig gebräunt sind.
d) Auf Küchenpapier abtropfen lassen. Wischen Sie die Pfanne aus und geben Sie das restliche Öl hinzu. Die Chorizo oder den Speck bei starker Hitze anbraten, bis sie braun sind.
e) Den Knoblauch dazugeben und noch ein paar Sekunden braten, dann vom Herd nehmen. Die Chorizo mit einem Schaumlöffel herausnehmen und über den Salat verteilen.
f) Lassen Sie die Pfanne eine Minute abkühlen, rühren Sie den Essig ein und gießen Sie alles über den Salat.
g) Über die Croutons streuen, mit Salz und Pfeffer würzen, vermischen und servieren.

43. Borretsch und Gurken in Sauerrahm-Dressing

ZUTATEN:
- 3 lange Gurken
- Salz
- ½ Pint Sauerrahm
- 2 Esslöffel Reisessig
- ½ Teelöffel Selleriesamen
- ¼ Tasse gehackte Frühlingszwiebeln
- 1 Teelöffel Zucker
- Salz und Pfeffer
- ¼ Tasse Junge Borretschblätter, fein gehackt

ANWEISUNGEN:
a) Gurken waschen, entkernen und in dünne Scheiben schneiden.
b) Leicht salzen und zum Abtropfen 30 Minuten in einem Sieb stehen lassen. Spülen und trocken tupfen.
c) Restliche Zutaten vermischen und mit Salz und Pfeffer abschmecken.
d) Gurken hinzufügen und leicht umrühren.
e) Mit Borretschblüten oder Schnittlauchblüten garnieren.

44.Rotkohl mit Chrysanthemen s

ZUTATEN:
- 1 Rotkohl, entkernt und dünn geschnitten
- ¼ Tasse Butter
- 1 Zwiebel, in Ringe geschnitten
- 2 große Äpfel, geschält, entkernt, in dünne Scheiben geschnitten
- 2 Esslöffel gelbe Chrysanthemenblüten
- 2 Esslöffel brauner Zucker
- Kaltes Wasser
- 4 Esslöffel Rotweinessig
- Meersalz
- Pfeffer
- Butter
- Frische Chrysanthemenblüten

ANWEISUNGEN:
a) Den Rotkohl 1 Minute in kochendem Wasser blanchieren.
b) Abgießen, erfrischen und beiseite stellen. Die Butter in einer Bratpfanne erhitzen, die Zwiebelringe hineingeben und 4 Minuten anschwitzen, bis sie weich sind.
c) Die Apfelscheiben einrühren und 1 weitere Minute kochen lassen.
d) Geben Sie den Kohl in einen tiefen, feuerfesten Topf mit dicht schließendem Deckel.
e) Zwiebeln, Äpfel und Chrysanthemenblätter untermischen und alle Zutaten wenden, sodass sie gut mit der Butter bedeckt sind.
f) Den Zucker darüberstreuen und mit Wasser und Essig aufgießen. Leicht würzen.
g) Bei schwacher Hitze oder im Ofen bei 325F/170/Gas 3 1½–2 Stunden kochen, bis der Kohl weich ist.
h) Kurz vor dem Servieren ein gutes Stück Butter und einige frische Chrysanthemenblätter hinzufügen.

45.Spargelsalat

ZUTATEN:
SPARGELSALAT
- 1 Bund Spargel
- 5 Radieschen, in dünne Scheiben geschnitten
- 3 Frühlingszwiebeln, nur geschnittene grüne Spitzen
- Zitronenschale von einer Zitrone

ZITRONENVINAIGRETTE
- ¼ Tasse Zitronensaft
- 2 Esslöffel helles Olivenöl
- 2 Teelöffel Zucker
- Salz und Pfeffer nach Geschmack

GARNIERUNG
- Zitronenscheiben
- Bio-Gelbe Stiefmütterchen

ANWEISUNGEN:
a) Kochen Sie Wasser, um den Spargel zu dämpfen.
b) Bereiten Sie eine Schüssel mit Eiswasser vor, um den Spargel nach dem Garen zu schocken.
c) Den Spargel 5 Minuten lang dämpfen, bis er zart, aber noch knusprig ist.
d) Schockieren Sie den Spargel in Eiswasser und schneiden Sie ihn dann in 5 cm große Stücke.

ZITRONENVINAIGRETTE
e) Den Zitronensaft und den Zucker vermischen und stehen lassen, bis sich der Zucker aufgelöst hat.
f) Das Öl hinzufügen und mit Salz und Pfeffer abschmecken.

SPARGELSALAT
g) Wenn Sie Zeit haben, marinieren Sie den Spargel 30 Minuten lang im Dressing.
h) Radieschen und Frühlingszwiebeln dazugeben und vermischen.
i) Mit Zitronenscheiben und frischen Stiefmütterchen garnieren und sofort servieren.

46. Stiefmütterchensalat

ZUTATEN:
- 6 Tassen Baby-Rucola
- 1 Apfel, sehr dünn geschnitten
- 1 Karotte
- ¼ rote Zwiebel, sehr dünn geschnitten
- eine HUndvoll verschiedene frische Kräuter wie Basilikum, Oregano, Thymian, nur Blätter
- 2 Unzen cremiger Ziegenkäse, für Veganer zerstoßene Pistazien verwenden
- Stiefmütterchen, Stiel entfernt

VINAIGRETTE
- ¼ Tasse Blutorange
- 3 Esslöffel Olivenöl
- 3 Esslöffel Champagneressig
- Prise Salz

ANWEISUNGEN:
a) Die Vinaigrette verrühren und die Zutaten nach Geschmack anpassen.
b) Das Gemüse in eine breite Salatschüssel geben.
c) Die Karotte schälen und mit einem Gemüseschäler in dünne Streifen schneiden.
d) Zusammen mit den Apfelscheiben, Zwiebeln und Kräutern zum Gemüse geben.
e) Mit dem Dressing vermengen und den Salat mit Ziegenkäsestreuseln und Stiefmütterchen garnieren.
f) Sofort servieren.

47. Grüner Salat mit essbaren Blumen

ZUTATEN:
- 1 Teelöffel Rotweinessig
- 1 Teelöffel Dijon-Senf
- 3 Esslöffel natives Olivenöl extra
- Grobes Salz und frisch gemahlener Pfeffer
- 5 ½ Unzen zarter Babysalat
- 1 Packung ungespritzte Veilchen oder Undere essbare Blüten

ANWEISUNGEN:
a) Essig und Senf in einer Schüssel vermischen.
b) Nach und nach das Öl unterrühren und das Dressing mit Salz und Pfeffer abschmecken.
c) Das Dressing mit dem Gemüse vermengen und mit Blumen belegen. Sofort servieren.

GEWÜRZE UND BEILAGEN

48. Kapuzinerkresse-Pesto

ZUTATEN:
- 50 Kapuzinerkresseblätter
- ¼ Tasse Pistazien, geröstet
- ½ Tasse Olivenöl
- ½ Tasse Parmesankäse
- 1 Prise roter Pfeffer
- Salz und Pfeffer nach Geschmack

ANWEISUNGEN:
a) Kapuzinerkresseblätter waschen und trocken schütteln.
b) Füllen Sie Ihre Küchenmaschine locker zu ¾ mit Blättern.
c) Mischen, bis sie zerkleinert sind. Weitere Blätter hinzufügen und vermischen.
d) Fahren Sie damit fort, bis alle Blätter vermischt sind.
e) Die Pistazien dazugeben und fein zerkleinern.
f) Käse, rote Paprika und die Hälfte des Öls hinzufügen. Mischung.
g) Fügen Sie mehr Öl hinzu, bis die gewünschte Konsistenz erreicht ist.

49. Erdbeer-Lavendel-Marmelade

ZUTATEN:
- 1 Pfund Erdbeeren
- 1 Pfund Zucker
- 24 Lavendelstiele
- 2 Zitronen, Saft davon

ANWEISUNGEN:
a) Die Erdbeeren waschen, trocknen und entstielen.
b) Legen Sie sie mit dem Zucker und einem Dutzend Lavendelstängeln in eine Schüssel und stellen Sie sie über Nacht an einen kühlen Ort.
c) Entsorgen Sie den Lavendel und geben Sie die Beerenmischung in einen Topf ohne Aluminium.
d) Binden Sie die restlichen Lavendelstiele zusammen und geben Sie sie zu den Beeren.
e) Den Zitronensaft hinzufügen.
f) Zum Kochen bringen und dann 25 Minuten köcheln lassen.
g) Den Schaum von oben abschöpfen. Lavendel wegwerfen und die Marmelade in sterilisierte Gläser füllen. Siegel.

50.Geißblattsirup

ZUTATEN:
- 4 Pfund frische Geißblattblüten
- 8 Pints kochendes Wasser
- Zucker

ANWEISUNGEN:
a) Blütenblätter 12 Stunden lang in Wasser ziehen lassen.
b) Für ein paar Stunden beiseite stellen.
c) Dekantieren, die doppelte Menge Zucker hinzufügen und einen Sirup herstellen.

51. Violetter Honig

ZUTATEN:
- ½ Tasse leicht verpackte, pestizidfreie Veilchenblüten ohne Stiele
- ½ Tasse Honig

ANWEISUNGEN:
a) Spülen Sie die Veilchen in einer Schüssel mit kaltem Wasser ab und schleudern Sie sie vorsichtig in einer Salatschleuder trocken.
b) Erhitzen Sie den Honig in einer Pfanne oder einem mikrowellengeeigneten Becher bis zum Kochen.
c) Den Honig vom Herd nehmen und Veilchen unterrühren.
d) Abdecken und die Veilchen 24 Stunden ziehen lassen.
e) Am nächsten Tag den Honig mit Veilchen erneut erhitzen, bis er flüssig ist.
f) Gießen Sie den Honig durch ein feines Sieb in ein offenes Gefäß und werfen Sie die Veilchen weg.
g) Decken Sie das Glas ab und lagern Sie Veilchenhonig an einem kühlen, dunklen Ort.
h) Innerhalb einer Woche verbrauchen.

52. Blumengarnitur für Käse

ZUTATEN:
- Essbare Blumen oder Kräuter gewaschen
- trockener Käse
- 2 Tassen trockener Weißwein
- 1 Umschlag geschmacksneutrale Gelatine

ANWEISUNGEN:

a) Legen Sie die Blumen und Kräuter in einem Design, das Ihnen gefällt, flach auf den Käse.
b) Entfernen Sie dann die Blumen und Kräuter und legen Sie sie im Muster beiseite.
c) In einer Pfanne Weißwein und Gelatine vermischen.
d) Rühren, bis sich die Gelatine vollständig aufgelöst hat und die Mischung klar ist.
e) Vom Herd nehmen und den Topf in einen größeren, mit Eis gefüllten Behälter stellen.
f) Rühren Sie weiter, während es dicker wird.
g) Legen Sie den Käse auf ein Gestell über einer Schüssel, um die Tropfen der Glasur aufzufangen.
h) Die Gelatine über den Käse geben und gleichmäßig verteilen.
i) 15 Minuten in den Kühlschrank stellen, dann aus dem Kühlschrank nehmen und mehr Glasur über die Blumen löffeln.
j) Mit Crackern servieren.

53.KUndierte Veilchen

ZUTATEN:
- ½ Tasse Wasser
- 1 Tasse Zucker, granuliert
- MUndelextrakt oder Rosenwasser
- Frische Veilchen bzw
- Frische Rosenblätter

ANWEISUNGEN:
a) Dies sind Dekorationen für Desserts.
b) Machen Sie Sirup, indem Sie Wasser und Zucker in einer Pfanne verrühren.
c) Kochen, bis es leicht eingedickt ist.
d) Den MUndelextrakt nach Geschmack einrühren. Lassen Sie den Sirup etwas abkühlen.
e) Geben Sie die Veilchen nacheinUnder in den Sirup.
f) Stellen Sie sicher, dass sie vollständig bedeckt sind.
g) Aus dem Sirup nehmen und zum Trocknen auf Wachspapier legen.
h) Wenn der Sirup hart wird, erhitzen Sie ihn erneut und fügen Sie etwas mehr Wasser hinzu.

54. Geröstete Chrysanthemen Zwiebeln

ZUTATEN:
- 16 gelbe Zwiebeln
- 1 Teelöffel Zucker
- ¼ Tasse Hühnerbrühe
- 3 Esslöffel ungesalzene Butter

ANWEISUNGEN:
a) Den Ofen auf 450 Grad F vorheizen.
b) Mit einem scharfen Messer das Wurzelende jeder Zwiebel flach abschneiden, so dass sie noch intakt ist, aber aufrecht steht.
c) Stellen Sie jede Zwiebel auf das Wurzelende und schneiden Sie parallele vertikale Scheiben in Abständen von ¼ Zoll in die Zwiebel hinein, aber nicht durch sie hindurch, wobei Sie etwa ¾ Zoll über dem Wurzelende enden.
d) Drehen Sie jede Zwiebel um 90 Grad und schneiden Sie auf die gleiche Weise parallele vertikale Scheiben, um ein Kreuzschraffurmuster zu bilden, wobei die Zwiebeln intakt bleiben.
e) Geben Sie die Zwiebeln und die Wurzelenden nach unten in eine leicht gebutterte, flache Auflaufform, sodass sich die Zwiebeln öffnen oder „blühen" können, und bestreuen Sie sie mit Zucker und Salz nach Geschmack.
f) In einer Pfanne Brühe und Butter bei mäßig hoher Hitze erhitzen, bis die Butter geschmolzen ist, und über die Zwiebeln gießen.
g) Decken Sie die Zwiebeln mit Folie ab und rösten Sie sie in der Mitte des Ofens 45 Minuten lang oder bis sie weich sind.
h) Entfernen Sie die Folie und rösten Sie die Zwiebeln unter gelegentlichem Begießen weitere 30 bis 45 Minuten lang oder bis sie goldbraun sind.
i) Zwiebeln können einen Tag im Voraus zubereitet und gekühlt und abgedeckt werden. Zwiebeln vor dem Servieren noch einmal erhitzen.

55. KUndierte Rosenblätter

ZUTATEN:
- 2 Rosen
- 1 Eiweiß
- 1 Teelöffel Wasser
- 1 Tasse Zucker

ANWEISUNGEN:
a) Legen Sie die Rosenblätter auf ein mit Backpapier ausgelegtes Backblech.
b) 1 Teelöffel Wasser zu 1 Eiweiß hinzufügen und gut verquirlen.
c) Bedecken Sie die Rosenblätter mit einem Backpinsel leicht mit der Eimasse und bestreuen Sie sie sofort mit Zucker.
d) Legen Sie sich zurück auf das Pergamentpapier, damit die Rosenblätter über Nacht vollständig trocknen können.
e) Die Rosenblätter härten über Nacht aus und können bis zu 3 Wochen gelagert und sicher verwendet werden.

56. Mit Fliederblüten angereicherter Honig

ZUTATEN:
- 2 Tassen frische Fliederblüten ohne grüne Stiele
- 1 ½ Tassen roher Honig, eventuell etwas mehr

ANWEISUNGEN:

a) Schneiden Sie die Fliederblüten mit einer Schere vom Stiel ab und geben Sie sie in ein Einmachglas in Pint-Größe.

b) Sobald das Glas mit Fliederblüten gefüllt ist, gießen Sie rohen Honig hinein, um die Blüten vollständig zu bedecken.

c) Lassen Sie den Honig eine Weile im Glas ruhen und füllen Sie dann das Glas mit mehr Honig auf, um die Blüten zu bedecken.

d) Nach einer Weile schwimmen die Fliederblüten unweigerlich an der Oberfläche des Honigs, und das ist in Ordnung.

e) Verschließen Sie das Glas und lassen Sie den Honig mindestens ein paar Tage bis zu mehreren Wochen ziehen, bevor Sie ihn verwenden. Rühren Sie dabei die Blüten ein wenig um, so oft Sie daran denken.

f) Wenn Sie bereit sind, den Honig zu verwenden, können Sie die Blütenmasse einfach mit einem Löffel aus dem Glas schöpfen.

57. Hagebutten - Johannisbeer- Soße

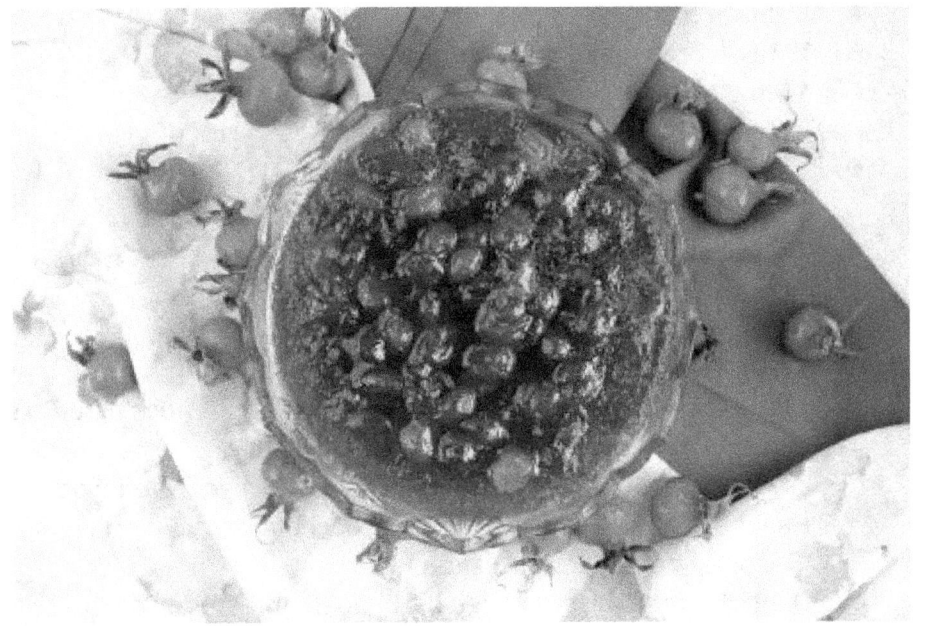

ZUTATEN:
- 1½ Tasse Wasser
- 3 Unzen Hagebutten
- ½ Tasse brauner Zucker
- 1 Zimtstange
- 3 Hibiskus-Teebeutel
- 1 Tasse Johannisbeergelee, rot oder schwarz
- 1 Esslöffel Zitronensaft
- 1½ Teelöffel Butter
- ½ Teelöffel Mehl

ANWEISUNGEN:
a) Kochen Sie Wasser, Zimt und Kräutertee, bis nur noch eine Tasse Wasser übrig ist.
b) Zimt und Kräutertee entfernen, braunen Zucker, Zitronensaft und Hagebutten hinzufügen und kräftig köcheln lassen, bis das Wasser knapp über den Hagebutten steht.
c) Dann das Johannisbeergelee dazugeben und umrühren, bis sich alles aufgelöst hat. Fünf Minuten weiter köcheln lassen, dabei ständig umrühren und sorgfältig darauf achten, dass es nicht anbrennt.
d) Butter und Mehl gründlich vermischen und unter die Johannisbeergelee-Mischung rühren, bis sie eindickt.
e) Nehmen Sie die Mischung vom Herd, sie ist gebrauchsfertig.

GETRÄNKE

58. Smoothie-Schüssel mit Matcha und Kapuzinerkresse

ZUTATEN:
- 1 Tasse Spinat
- 1 gefrorene Banane
- ½ Tasse Ananas
- ½ Teelöffel hochwertiges Matcha-Pulver
- ½ Teelöffel Vanilleextrakt
- 1/3 Tasse ungesüßte MUndelmilch

BELAG
- Chiasamen
- Kapuzinerkresse

ANWEISUNGEN:
a) Geben Sie alle Smoothie-Zutaten in einen Mixer. Pulsieren, bis eine gMilch und cremige Masse entsteht.
b) Den Smoothie in eine Schüssel geben.
c) Mit Toppings bestreuen und sofort essen.

59.Blaubeer-Lavendelwasser

ZUTATEN:
- ½ Tasse Blaubeeren
- 4 Tassen Wasser
- Essbare Lavendelblüten

ANWEISUNGEN:
a) Geben Sie die Zutaten in einen Krug.
b) Anschließend das Wasser mindestens eine halbe Stunde lang abkühlen lassen.
c) Vor dem Servieren abseihen und über Eiswürfel gießen.

60.Pfirsich-Smoothie-Schüssel

ZUTATEN:
- 2 Tassen Pfirsiche, gefroren
- 1 Banane, gefroren
- 1½ Tassen ungesüßte Vanille-MUndelmilch
- 1 Esslöffel Hanfsamen
- Gemischte Beeren
- essbare Blumen
- frische Pfirsichscheiben
- frische Ananasscheiben

ANWEISUNGEN:
a) Alle Zutaten außer den essbaren Blüten, den frischen Pfirsichscheiben und den frischen Ananasscheiben in einen Mixbecher geben und glatt rühren, dabei darauf achten, nicht zu viel zu vermischen.
b) Mit essbaren Blüten, frischen Pfirsichscheiben, frischen Ananasscheiben oder einem Underen Belag Ihrer Wahl belegen.

61. Süßer Lavendelmilchkefir

ZUTATEN:
- 4 Tassen Milchkefir.
- 2 Esslöffel getrocknete Lavendelblüten.
- Bio-Rohrzucker oder Stevia

ANWEISUNGEN:
a) Machen Sie traditionellen Milchkefir und lassen Sie den Kefir 24 Stunden lang bei Raumtemperatur gären.
b) Die Kefirkörner abseihen und in frische Milch geben.
c) Die Lavendelblütenköpfe in den Milchkefir einrühren. Fügen Sie die Blütenköpfe nicht hinzu, solange sich die Kefirkörner noch im Kefir befinden.
d) Setzen Sie den Deckel auf den Kefir und lassen Sie ihn über Nacht bei Zimmertemperatur stehen. Die zweite Gärung sollte 12 bis 24 Stunden dauern.
e) Den Kefir abseihen, um die Blütenköpfe zu entfernen.
f) Rohrzucker oder Stevia hinzufügen. Den Süßstoff in den Kefir einrühren.

62. Heilender Geißblatt-Tee

ZUTATEN:
- 4 Tassen Wasser
- 2 Tassen frische Geißblattblüten
- 1 Teelöffel Honig

ANWEISUNGEN:
a) Um Geißblatttee zuzubereiten, sammeln Sie offene Geißblattblüten und pflücken Sie sie an der Basis, damit der Nektar erhalten bleibt.
b) Geben Sie eine HUndvoll Blumen in ein Einmachglas.
c) 4 Tassen Wasser zum Kochen bringen, dann vom Herd nehmen und 2 Minuten warten.
d) Gießen Sie das heiße Wasser über die Blumen im Glas.
e) Lassen Sie die Mischung beim Ziehen auf Raumtemperatur abkühlen.
f) Auf Eiswürfeln servieren und den restlichen Tee im Kühlschrank aufbewahren.

63. Chrysanthemen- und Holunderblütentee

ZUTATEN:
- 1/2 Esslöffel Chrysanthemenblüten
- 1/2 Esslöffel Holunderblüten
- 1/2 Esslöffel Pfefferminze
- 1/2 Esslöffel Brennnesselblätter

ANWEISUNGEN:
a) Alle Zutaten in eine Teekanne geben, mit 300 ml kochendem Wasser bedecken, ziehen lassen und servieren.
b) Trinken Sie während der Heuschnupfensaison 4 Tassen täglich.

64. Kamillen- und Fencheltee

ZUTATEN:
- 1 Teelöffel Kamillenblüten
- 1 Teelöffel Fenchelsamen
- 1 Teelöffel Mädesüß
- 1 Teelöffel Eibischwurzel, fein gehackt
- 1 Teelöffel Schafgarbe

ANWEISUNGEN:
a) Geben Sie die Kräuter in eine Teekanne.
b) Wasser aufkochen und in die Teekanne geben.
c) 5 Minuten ziehen lassen und servieren.
d) Trinken Sie dreimal täglich 1 Tasse der Infusion.

65. Löwenzahn- und Klettentee

ZUTATEN:
- 1 Teelöffel Löwenzahnblätter
- 1 Teelöffel Klettenblätter
- 1 Teelöffel Klettenkraut
- 1 Teelöffel Rotkleeblüten

ANWEISUNGEN:
a) Alle Zutaten in eine Teekanne geben, mit kochendem Wasser übergießen, 15 Minuten ziehen lassen und servieren.
b) Über den Tag verteilt heiß oder kalt trinken.

66. Schafgarben- und Ringelblumentee

ZUTATEN:
- 1 Teelöffel Schafgarbe
- 1 Teelöffel Ringelblumenblüten
- 1 Teelöffel Frauenmantel
- 1 Teelöffel Eisenkraut
- 1 Teelöffel Himbeerblatt

ANWEISUNGEN:
a) Alle Zutaten in eine Teekanne geben, mit kochendem Wasser übergießen, 15 Minuten ziehen lassen und servieren.
b) Über den Tag verteilt heiß oder kalt trinken.

67.Helmkraut und Orangenblütentee

ZUTATEN:
- 1 Teelöffel Helmkraut
- 1 Teelöffel Orangenblüten
- 1 Teelöffel Johanniskraut
- 1 Teelöffel Holzbeton
- 1 Teelöffel Zitronenmelisse

ANWEISUNGEN:
a) Alle Zutaten in eine Teekanne geben, mit kochendem Wasser übergießen, 15 Minuten ziehen lassen und servieren.
b) Über den Tag verteilt heiß oder kalt trinken.

68. Calendulablüten Erkältungspflegetee

ZUTATEN:
- Ringelblumenblüten kneifen
- Eine Prise Salbeiblätter
- Hibiskusblüten kneifen
- Holunderblüten kneifen
- 2 Tassen Wasser , abgekocht
- Honig

ANWEISUNGEN:
a) Ringelblume, Salbei, Hibiskus und Holunderblüten in ein Glas geben.
b) Gekochtes Wasser in das Glas geben.
c) Mit einem Deckel verschließen und 10 Minuten ziehen lassen.
d) Honig hinzufügen.

69. Huflattichblüten Tee

ZUTATEN:
- 2-teilig Hagebutten
- 1 Teil Zitronenmelisse
- 2 Tassen Wasser
- 1 Teil Marshmallowwurzel
- 1-teilige Königskerze
- 1 Teil Huflattichblüten
- 1 Teil Osha-Wurzel

ANWEISUNGEN:
a) Wasser in einen Topf geben.
b) Fügen Sie die Marshmallow- und Osha-Wurzeln hinzu.
c) 10 Minuten zum Kochen bringen
d) Die restlichen Zutaten hinzufügen.
e) Lassen Sie es weitere 7 Minuten ziehen.
f) Beanspruchung.

70. Hagebutten-Grüntee

ZUTATEN:
- 2 Tassen Wasser
- 1 grüner Teebeutel
- 2 Prisen Cayennepfeffer
- 1 Bio- Zitrone, ausgepresst
- 2 Esslöffel Bio - Hagebutten _ _
- 2 TL Ahornsirup

ANWEISUNGEN:
a) Wasser kochen.
b) Geben Sie einen Teebeutel und Hagebutten in eine Tasse.
c) Mit kochendem Wasser bedecken.
d) 10 Minuten ziehen lassen.
e) Drücken Sie die Zitrone und den Saft in die Tasse.
f) Den Ahornsirup untermischen.
g) Cayennepfefferpulver hinzufügen.

71.Echinacea- Tee zur Immununterstützung

ZUTATEN:
- ¼ Tasse Echinacea
- ¼ Tasse Holunderbeeren
- ¼ Tasse Astragalus
- ¼ Tasse Hagebutten
- ¼ Tasse Kamille

ANWEISUNGEN:
a) Alles vermischen und in einem Glas aufbewahren.
b) Verwenden Sie 2 Teelöffel pro Tasse heißes Wasser.
c) 10 Minuten ziehen lassen.

72. Rotkleeblüten - Tonic- Tee

ZUTATEN:
- 4 Teile Brennnesselblatt
- 3 Teile Krauseminzblatt
- 2-teiliges Königskerzenblatt
- 1 Teil Ingwerwurzel
- 2 Teile Löwenzahnblatt und -wurzel
- 3 Teile Zitronenmelisse
- 2 Teile Rotkleeblüten
- 1-teilige Hagebutten

ANWEISUNGEN:
a) Alle trockenen Zutaten vermischen.
b) Kochen Sie 4 Tassen Wasser und gießen Sie das heiße Wasser über die Teemischung.
c) 15 Minuten ziehen lassen und die Kräuter abseihen.

73. Rosiger Schwarztee

ZUTATEN:
- 2-teilige Rosenblätter
- 1 Teil schwarzer Tee

ANWEISUNGEN:
a) Zutaten in einem Glas vermischen.
b) Geben Sie einen Teelöffel Tee in ein Sieb.
c) Gießen Sie 250 ml kochendes Wasser über den Tee.
d) 5 Minuten ziehen lassen.

74.Heilender Geißblatt-Tee

ZUTATEN:
- 4 Tassen gefiltertes Wasser
- 1 TL Honig
- 2 Tassen frische Geißblattblüten

ANWEISUNGEN:
a) Legen Sie Blumen in ein Einmachglas.
b) Bringen Sie das Wasser zum Sieden und lassen Sie es dann 2 Minuten lang abkühlen.
c) Gießen Sie das heiße Wasser über die Blumen im Glas.
d) Einige Minuten ziehen lassen.
e) Auf Eiswürfeln servieren.

75.Blütentees

ZUTATEN:
- 10 frische Kamillenblüten
- 20 Knospen einer Lavendelblüte
- 10 frische Mutterkrautblüten

ANWEISUNGEN:
a) Blumen in einen Topf geben.
b) Gießen 1 Tasse heißes Wasser über die Blumen gießen.
c) 4 Minuten ziehen lassen.
d) In eine Tasse abseihen.

76. Chrysanthementee mit Goji

ZUTATEN:
- 4 Tassen kochendes Wasser
- 1 Esslöffel Chrysanthemenblüten _ _ _ _
- 1 Esslöffel Goji - Beeren _ _
- 4 entsteinte rote Datteln
- Honig

ANWEISUNGEN:
a) Geben Sie die Chrysanthemenblüten, Datteln und Goji-Beeren in einen Topf.
b) 4 Tassen heißes kochendes Wasser hinzufügen.
c) 10 Minuten ziehen lassen.
d) Abseihen und Honig hinzufügen.

77. Löwenzahnblütentee

ZUTATEN:
- ¼ Tasse Löwenzahnblüten
- 500 ml kochendes Wasser
- ½ TL Honig
- Zitronensaft _

ANWEISUNGEN:
a) Geben Sie die Spitzen der Löwenzahnblüten in eine Teekanne.
b) Wasser aufkochen und das heiße Wasser über die Löwenzahnblüten gießen.
c) 5 Minuten ziehen lassen.
d) Die Blumen abseihen.
e) Honig und Zitrone hinzufügen.

78. Schmetterlings-Erbsenblüten-Tee-Milch

ZUTATEN:
- 1 Teelöffel blauer Erbsenblütentee
- 8 Unzen Wasser
- ½ Tasse Milch
- 1 Teelöffel Honig

ANWEISUNGEN:
a) Geben Sie lose Teeblätter in ein Teesieb.
b) Gießen Sie eine Tasse heißes Wasser hinein.
c) 5 Minuten ziehen lassen. Überschreiten Sie nicht.
d) Die Milch dämpfen.
e) Gießen Sie das heiße Wasser in eine Tasse.
f) Die Milch darübergießen.
g) Mit einem Schuss Honig bestreuen.

79.Hibiskusblütentee Milch

ZUTATEN:
- 2 Teelöffel getrocknete Hibiskusblüten, zerstoßen
- ¼ Teelöffel Rosenwasser
- Hibiskus und Rosenblätter zum Garnieren
- ¼ Tasse abgekochtes Wasser
- ¾ Tasse Milch, aufgeschäumt
- 2 Teelöffel Honig

ANWEISUNGEN:
a) Bringen Sie Wasser zum Sieden.
b) Legen Sie die getrockneten Hibiskusblüten in ein Teesieb.
c) Den Tee etwa 5 Minuten ziehen lassen.
d) Entfernen Sie das Teesieb.
e) Rosenwasser und Süßungsmittel in den Tee mischen.
f) Warme aufgeschäumte Milch hinzufügen und garnieren.

80.Baldrianwurzel Super Entspannung-Tee

ZUTATEN:
- 1 Teelöffel getrocknet Baldrianwurzel
- 1 Teelöffel getrocknet Kamillenblüten

ANWEISUNGEN:
a) In eine Teekanne mit allen Zutaten 2 Tassen heißes Wasser gießen.
b) 5 Minuten ziehen lassen.
c) Teebeutel abseihen oder entfernen.
d) Honig hinzufügen.

81.Johanniskraut Beruhigender Tee

ZUTATEN:
- 1 Unze Zitronenmelisse
- 1 Unze Kamillenblüten
- ½ Unze Johanniskraut

ANWEISUNGEN:
a) Die Mischung in 1 Tasse kochendem Wasser einweichen.
b) 10 Minuten abdecken und abseihen.

82. Verjüngungstee

ZUTATEN:
- 1-teilige Hagebutten
- 1 Teil Ringelblumenblüten
- 1- teilige Gallumblüten
- 1 Teil Borretschblüten
- 1 5-teilige Brennnesselblätter

ANWEISUNGEN:
a) Geben Sie alle Kräuter in einen Teebeutel , geben Sie ihn in eine Tasse und bedecken Sie ihn mit kochendem Wasser.
b) 10 Minuten ziehen lassen.
c) Entfernen Sie den Teebeutel und fügen Sie Ihren Süßstoff hinzu.

83. Erkältungs- und Heiserkeitstee

ZUTATEN:
- 2 Unzen Malvenblüten
- 1 ½ Unzen Königskerzenblüten

ANWEISUNGEN:
a) 10 Minuten in 1 Tasse heißem Wasser ziehen lassen. , Beanspruchung.
b) Trinken Sie 2 Tassen pro Tag .

84. Lindenblüten-Kräutertee

ZUTATEN:
- Beutel mit getrockneten Lindenblüten
- Kochendes Wasser

ANWEISUNGEN:
a) Getrocknete Blumen in einen Topf geben .
b) Mit kochendem Wasser aufgießen und vier Minuten ziehen lassen .

85. Potpourri-Tee

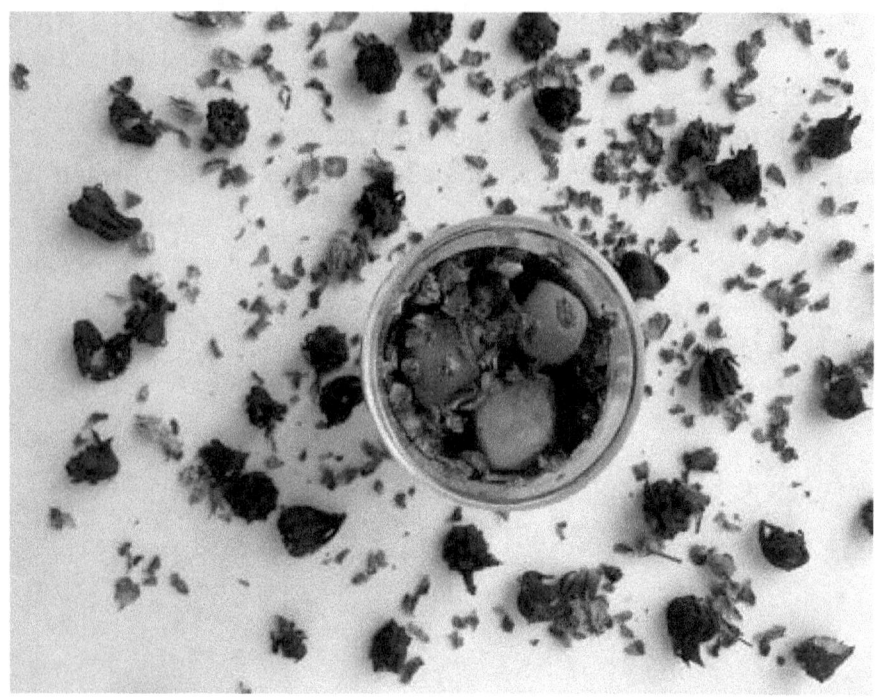

ZUTATEN:
- 3 Stangen Zimtrinde , zerbröselt
- 1 Esslöffel gemahlene Muskatnuss
- 2 Unzen getrocknete Orangenblütenblätter
- 2 Esslöffel Cassia-Rinde , zerbröselt
- 4 Ganzer Sternanis
- 8 Unzen schwarzer Tee
- 3 Unzen getrocknete Hibiskusblüten
- Ein paar Umdrehungen einer Pfeffermühle
- 1 Unze grob geriebene frische Orangenschale
- 1 Teelöffel Ganze Nelken , im Mörser zerstoßen

ANWEISUNGEN:
a) Alle Zutaten in einer Rührschüssel mit den Händen vermischen.
b) Anschließend auf einem flachen Korb oder Tablett ausbreiten und einige Stunden trocknen lassen.
c) Pro Topf einen gehäuften Esslöffel verwenden.

86.Rotklee-Tee

ZUTATEN :
- ¼ Tasse frischer Rotklee
- Blüten, mit ein paar Blättern
- Zitrone
- Honig
- Frische Minzblätter
- Mehrere Löwenzahnblätter

ANWEISUNGEN:
a) Geben Sie die Blüten und Blätter in eine Teekanne.
b) Mit kochendem Wasser auffüllen, abdecken und zum Ziehen 10 Minuten köcheln lassen .
c) In eine Tasse abseihen, eine Zitronenscheibe hinzufügen und mit Honig süßen.

87. Rosen- und Lavendelwein

ZUTATEN:
- 1 Flasche Pinot Grigio
- 5 Rosenblätter
- 2 Stängel Lavendel

ANWEISUNGEN:
a) Geben Sie die Kräuter direkt in die geöffnete Weinflasche.
b) Dicht verschließen.
c) 3 Tage an einem kühlen oder gekühlten Ort ziehen lassen.
d) Rosenblätter und Lavendel abseihen.
e) In einem Glas servieren.
f) Mit Rosenblättern und Lavendel garnieren.

NACHTISCH

88. Blaubeer-Lavendel-Preiselbeere- knackig

ZUTATEN:
- 3 Tassen Blaubeeren
- 1 Tasse Preiselbeeren
- ½ Teelöffel frische Lavendelblüten
- ¾ Tasse Zucker
- 1 ½ Tassen zerkleinerte Haferflocken-Graham-Cracker
- ½ Tasse brauner Zucker
- ½ Tasse geschmolzene Butter
- ½ Tasse gehobelte MUndeln

ANWEISUNGEN:
a) Den Ofen auf 350 Grad F vorheizen.
b) Blaubeeren, Preiselbeeren, Lavendelblüten und Zucker vermischen.
c) Gut vermischen und in eine 20 x 20 cm große Backform gießen.
d) Zerkleinerte Cracker, brauner Zucker, geschmolzene Butter und gehobelte MUndeln vermengen.
e) Die Füllung darüberstreuen.
f) 20 bis 25 Minuten backen, bis die Füllung Blasen bildet.
g) Vor dem Servieren mindestens 15 Minuten abkühlen lassen.

89. Rhabarber-, Rosen- und Erdbeermarmelade

ZUTATEN:
- 2 Pfund Rhabarber
- 1 Pfund Erdbeeren
- ½ Pfund stark duftende Rosenblätter
- 1½ Pfund Zucker
- 4 saftige Zitronen inklusive Kernen wurden beiseite gelegt

ANWEISUNGEN:
a) Den Rhabarber in Scheiben schneiden und mit den ganzen geschälten Erdbeeren und dem Zucker in eine Schüssel geben. Den Zitronensaft darübergießen, abdecken und über Nacht stehen lassen.
b) Gießen Sie den Inhalt der Schüssel in eine nicht reaktive Pfanne. Die in einem Musselinbeutel zusammengebundenen Zitronenkerne hinzufügen und leicht zum Kochen bringen. 2 Minuten kochen lassen, dann den Inhalt der Pfanne zurück in die Schüssel gießen. Abdecken und noch einmal über Nacht an einem kühlen Ort stehen lassen.
c) Die Rhabarber-Erdbeer-Mischung wieder in die Pfanne geben.
d) Entfernen Sie die weißen Spitzen von der Basis der Rosenblätter, geben Sie die Blütenblätter in die Pfanne und drücken Sie sie gut zwischen die Früchte.
e) Zum Kochen bringen und schnell kochen, bis der Stockpunkt erreicht ist, dann in warme, sterilisierte Gläser füllen.
f) Versiegeln und verarbeiten.

90.Orangen-Ringelblumen-Tropfenkekse

ZUTATEN:
- 6-8 frische Ringelblumenblüten, gewaschen, Blütenblätter entfernt und Blütenbasis entsorgt
- ½ Tasse weiche Butter
- ½ Tasse) Zucker
- abgeriebene Schale von 2 Orangen
- 2 Esslöffel Orangensaftkonzentrat, geschmolzen
- 1 Teelöffel Vanille
- 2 Eier, leicht geschlagen
- 2 Tassen Mehl
- 2 ½ Teelöffel Backpulver
- ¼ Teelöffel Salz
- 1 Tasse MUndelhälften

ANWEISUNGEN:
a) Den Ofen auf 350 Grad F vorheizen.
b) Zwei Backbleche leicht einfetten.
c) Butter, Zucker und Orangenschale schaumig rühren.
d) Orangensaftkonzentrat und Vanille hinzufügen. Eier untermischen und rühren, bis alles gut vermengt ist. Mehl, Backpulver und Salz vermischen.
e) Ringelblumenblätter und trockene Zutaten zu einer cremigen Masse verrühren.
f) Lassen Sie den Teig teelöffelweise auf ein Backblech fallen.
g) In jeden Keks eine MUndelhälfte drücken.
h) 12 bis 15 Minuten backen, bis es goldbraun ist.

91.Joghurtparfait mit Mikrogrün

ZUTATEN:
- ½ Tasse Naturjoghurt oder Vanillejoghurt
- ½ Tasse Brombeeren
- ¼ Tasse Müsli
- 1 Teelöffel einheimischer Honig
- eine Prise Ringelblumen-Mikrogrün

ANWEISUNGEN:
a) In einen Parfaitbecher den Joghurt und die Beeren schichten.
b) Zum Schluss einen Spritzer Honig aus der Region, Müsli, eine Prise Ringelblumen-Mikrogrün und eine letzte Beere hinzufügen!

92.Karottenblüten-Miniaturbrote

ZUTATEN:
- 3 Esslöffel SojaSoße
- 1½ Teelöffel Ingwer, gerieben
- ¼ Teelöffel Salz
- 1 Tasse Reis, gekocht
- 2½ Tasse Karotte, geraspelt
- 1 Ei
- 1 Esslöffel Essig, Reis
- 2 Knoblauchzehen, gehackt
- 1 Pfund Truthahn, gemahlen
- ¾ Tasse Frühlingszwiebel, gehackt
- ½ Tasse Wasserkastanien, gehackt
- 2 Esslöffel Öl

ANWEISUNGEN:
a) Alle Zutaten bis auf 2 c mischen. der Karotten und dem Öl.
b) Formen Sie 12 5 cm große Fleischbällchen. Restliche Karotten und Öl vermengen. Fleischbällchen in Karotten wälzen. In gefettete Muffinförmchen füllen, mit restlichen Karotten bestreuen und mit Folie abdecken.
c) 25 Minuten bei 375 Grad backen. Folie entfernen und weitere 5 Minuten backen, bis die Karottenspitzen anfangen zu bräunen.
d) Vor dem Servieren 5 Minuten stehen lassen.

93. Anis-Ysop-Kekse

ZUTATEN:
- ½ Tasse Anis-Ysopblüten, gehackt
- 3 Eier
- 1 Tasse Zucker
- ½ Teelöffel Vanille
- 2 Tassen Mehl
- 1 Teelöffel Backpulver
- ½ Teelöffel Salz

ANWEISUNGEN:
a) Eier schlagen, bis sie dick und zitronenfarben sind.
b) Zucker und Blütenblätter hinzufügen und 5 Minuten lang schlagen. Vanille hinzufügen.
c) Mehl, Backpulver und Salz zur Eimischung hinzufügen. Weitere 5 Minuten weiterschlagen.
d) Geben Sie den Teig teelöffelweise auf die gefetteten Backbleche und lassen Sie dabei einen großen AbstUnd voneinUnder.
e) 12 bis 15 Minuten bei 325 °F backen.

94. Zitronen-Stiefmütterchen-Kuchen

ZUTATEN:
- Teig
- 2 Eier
- 3 Eigelb
- ¾ Tasse Zucker
- ½ Tasse Zitronensaft
- 1 Esslöffel abgeriebene Zitronenschale
- 1 Tasse Sahne
- 1 Packung geschmacksneutrale Gelatine
- ¼ Tasse Wasser
- Kristallisierte Stiefmütterchen

ANWEISUNGEN:
a) In einem 1-Liter-Topf mit einem Schneebesen Eier, Eigelb, Zucker, Zitronensaft und Schale verrühren.
b) Bei schwacher Hitze unter ständigem Rühren mit einem Holzlöffel kochen, bis die Mischung eindickt und den Löffel etwa 10 Minuten lang bedeckt.
c) Abseihen und beiseite stellen.
d) Wenn der Teig abgekühlt ist, heizen Sie den Ofen auf 400 °F vor. Rollen Sie den Teig zwischen zwei Blättern bemehltem Wachspapier zu einer 27 cm großen Runde aus. Entfernen Sie das obere Blatt Papier und drehen Sie den Teig in eine 9-Zoll-TortenpMilch um, sodass der Überschuss über den RUnd hinausragt.
e) Entfernen Sie das restliche Blatt Wachspapier. Überschüssigen Teig so unterklappen, dass er bündig mit dem TellerrUnd abschließt.
f) Stechen Sie mit einer Gabel in den Boden und an den Rändern des Teigs, um ein Schrumpfen zu verhindern. Den Teig mit Aluminiumfolie auslegen und mit ungekochten getrockneten Bohnen oder Kuchengewichten füllen.
g) Backen Sie die Teigkruste 15 Minuten lang, entfernen Sie die Folie mit den Bohnen und backen Sie sie 10 bis 12 Minuten länger oder bis die Kruste goldbraun ist. Die Kruste auf dem Rost vollständig abkühlen lassen.
h) Wenn die Teigkruste abgekühlt ist, schlagen Sie die Sahne, bis sich weiche Spitzen bilden, und stellen Sie sie beiseite.
i) In einer Pfanne Gelatine und Wasser vermischen und bei schwacher Hitze unter Rühren erhitzen, bis sich die Gelatine auflöst.
j) Rühren Sie die Gelatinemischung in die abgekühlte Zitronenmischung ein. Schlagsahne unter die Zitronenmischung heben, bis alles vermischt ist. Die Zitronencremefüllung auf einem Teigboden verteilen und 2 Stunden oder bis sie fest ist in den Kühlschrank stellen.
k) Platzieren Sie vor dem Servieren Stiefmütterchen am RUnd und bei Bedarf in der Mitte des Kuchens.

95. Kamillenplätzchen

ZUTATEN:
- ¼ Tasse Kamillenblüten
- ½ Tasse weiche Butter
- 1 Tasse Zucker
- 2 Eier
- ½ Teelöffel Vanilleextrakt
- 1¾ Tasse Mehl

ANWEISUNGEN:
a) Die Kamillenblüten vorsichtig hacken und beiseite stellen.
b) Butter, Eier und Vanille schaumig rühren.
c) Mehl und Kamille unterrühren.
d) Geben Sie es teelöffelweise auf ein leicht gefettetes Backblech.
e) 10 Minuten bei 300° backen.

96.Erdbeer-Kamillen-Sorbet

ZUTATEN:
- ¾ Tasse Wasser
- ½ Tasse Honig
- 2 Esslöffel Kamillenteeknospen
- 15 große Erdbeeren, gefroren
- ½ Teelöffel gemahlener Kardamom
- 2 Teelöffel frische Minzblätter

ANWEISUNGEN:
a) Wasser zum Kochen bringen und Honig, Kardamom und Kamille hinzufügen.
b) Nach 5 Minuten vom Herd nehmen und sehr kalt abkühlen lassen.
c) Gefrorene Erdbeeren in eine Küchenmaschine geben und fein hacken.
d) Gekühlten Sirup hinzufügen und mixen, bis eine sehr gMilch Masse entsteht.
e) Auslöffeln und in einem Behälter im Gefrierschrank aufbewahren. Mit Minzblättern servieren.

97. Nelken -Marshmallow- Fudge

ZUTATEN:
- 2 Esslöffel Butter oder Margarine
- ⅔ Tasse unverdünnte Kondensmilch
- 1½ Tassen Kristallzucker
- ¼ Teelöffel Salz
- 2 Tassen Miniatur-Marshmallows
- 1½ Tassen halbsüße Schokoladenstückchen
- 1 Teelöffel Vanilleextrakt
- ½ Tasse gehackte Pekannüsse oder Walnüsse

ANWEISUNGEN:
a) Eine quadratische 8-Zoll-Pfanne mit Butter bestreichen.
b) In einer Pfanne Butter, Kondensmilch, Zucker und Salz vermischen.
c) Unter ständigem Rühren zum Kochen bringen.
d) Unter ständigem Rühren 4 bis 5 Minuten kochen lassen und vom Herd nehmen.
e) Marshmallows, Häppchen, Vanille und Nüsse unterrühren.
f) 1 Minute lang kräftig umrühren oder bis die Marshmallows vollständig geschmolzen sind.
g) In die Pfanne gießen. Abkühlen lassen und in Quadrate schneiden. Tipp Für einen dickeren Fudge verwenden Sie eine 7 x 5 Zoll große Kastenform.

98. Violettes Eis

ZUTATEN:
- 1 Tasse Sahne
- 2 Tassen feine, frische Vollkornbrotkrümel
- ¼ Tasse kristallisierter Rohzucker
- Kristallisierte Veilchen

ANWEISUNGEN:
a) Sahne steif schlagen. Semmelbrösel und Zucker unterheben.
b) Im Gefrierschrank kalt stellen, bis es steif, aber nicht hart ist.
c) Mischen Sie vor dem Servieren ein paar kristallisierte Veilchen unter und garnieren Sie jede Portion mit mehr davon.

99. Violetter Soufflé

ZUTATEN:

- 9 Unzen Kristallzucker
- 8 Eigelb
- 8 Tropfen Veilchenessenz
- 12 kUndierte Veilchen, zerdrückt oder gehackt
- 12 Eiweiß
- 1 Prise Salz
- Butter
- Kristallzucker
- Puderzucker

ANWEISUNGEN:

a) Zucker und Eigelb verrühren, bis die Masse hell und dick ist.
b) Veilchenessenz und kUndierte Veilchen hinzufügen.
c) Eiweiß mit Salz steif schlagen. Zusammenfalten.
d) Die Innenseite einer Auflaufform mit Butter bestreichen und mit so viel Zucker bestreichen, dass an der Butter haften bleibt.
e) Die Soufflé-Mischung hineingießen. 15 Minuten bei 400 °C backen.
f) Streuen Sie Puderzucker darüber und stellen Sie es für weitere 5 Minuten in den Ofen.
g) Heiß servieren.

100.Erdbeer-, Mango- und Rosen-Pavlova

ZUTATEN:

- 6 Eiweiß
- ⅛ Teelöffel Weinstein
- Prise Salz
- 1 ½ Tasse Zucker
- 1 Teelöffel Zitronensaft
- ¼ Teelöffel Rosenwasser oder ½ Teelöffel Vanille
- 2 ½ Teelöffel Maisstärke
- 4 Tassen geschnittene Mango und Erdbeeren
- 2 Esslöffel Zucker
- 1 ½ Tasse Schlagsahne
- ½ Tasse Mascarpone-Käse
- Essbare rosa Rosenblätter

ANWEISUNGEN:
a) Backofen auf 250 °F vorheizen.
b) Ein Backblech mit Pergament auslegen.
c) Zeichnen Sie einen 9-Zoll-Kreis auf das Papier. Drehen Sie das Papier um, sodass sich der Kreis auf der Rückseite befindet.

FÜR MERINGUE
d) In der Schüssel einer Küchenmaschine mit Schneebesenaufsatz Eiweiß, Weinstein und Salz schlagen, bis sich weiche Spitzen bilden.
e) Fügen Sie 1 ½ Tassen Zucker hinzu, jeweils einen Esslöffel, und schlagen Sie mit hoher Geschwindigkeit, bis sich steife Spitzen bilden und das Baiser nicht mehr körnig ist. Kratzen Sie die Schüssel nach Bedarf ab. Zitronensaft und Rosenwasser unterrühren. Mit einem Gummispatel die Maisstärke vorsichtig unterheben.
f) Das Baiser kreisförmig auf dem Pergament verteilen und dabei die Ränder leicht aufbauen, sodass eine Schale entsteht.
g) 1 ½ Stunden backen.
h) Schalten Sie den Ofen aus und lassen Sie ihn bei geschlossener Tür 1 Stunde lang trocknen.
i) Auf einem Blech auf einem Gitter vollständig abkühlen lassen.

CREMEMISCHUNG
j) In einer Schüssel Mango und Beeren mit den 2 Esslöffeln Zucker vermischen. 20 Minuten stehen lassen.
k) In der Zwischenzeit in einer Rührschüssel Sahne und Mascarpone mit einem elektrischen Mixer schlagen, bis sich weiche Spitzen bilden.
l) Legen Sie die Baiserschale auf eine PMilch.
m) Die Sahnemischung in der Baiserschale verteilen. Die Fruchtmischung darüber geben.
n) Sofort servieren.

ABSCHLUSS

Zum Abschluss unserer kulinarischen Erkundung von Knospen und Blüten hinterlässt „Das Komplette Buds Und Blüte-Kochbuch" nicht nur eine Sammlung von Rezepten, sondern auch eine neu entdeckte Wertschätzung für die essbaren Wunder, die die Natur bietet. Mögen diese Seiten Sie dazu inspirieren, die Schönheit blumiger Aromen zu genießen und jede Mahlzeit zu einem Fest für die Sinne zu machen.

Mögen Ihnen die Rezepte in diesem Kochbuch als Orientierungshilfe dienen und Sie dazu ermutigen, Ihre Gerichte mit der bezaubernden Essenz der Blüten zu verfeinern, während Sie sich auf Ihre eigenen kulinarischen Abenteuer mit essbaren Blumen begeben. Lassen Sie die zarten Blütenblätter und leuchtenden Farben Ihre Mahlzeiten aufwerten und schaffen Sie ein kulinarisches Erlebnis, das sowohl köstlich als auch optisch fesselnd ist. Ein Hoch auf eine Welt, in der jeder Bissen eine Hommage an die Schönheit der Natur und die Kunstfertigkeit essbarer Blumen ist!

www.ingramcontent.com/pod-product-compliance
Lightning Source LLC
Chambersburg PA
CBHW050148130526
44591CB00033B/1084